Fela Kuti

Contracultura e (con)tradição na música popular africana

CONSELHO EDITORIAL

Ana Paula Torres Megiani

Eunice Ostrensky

Haroldo Ceravolo Sereza

Joana Monteleone

Maria Luiza Ferreira de Oliveira

Ruy Braga

Fela Kuti

Contracultura e (con)tradição na música popular africana

Rosa Aparecida do Couto Silva

Copyright © 2017 Rosa Aparecida do Couto Silva.

Grafia atualizada segundo o Acordo Ortográfico da Língua Portuguesa de 1990, que entrou em vigor no Brasil em 2009.

Edição: Haroldo Ceravolo Sereza
Editora assistente: Danielly de Jesus Teles
Projeto gráfico, diagramação e capa: Jean Ricardo Freitas
Assistente acadêmica: Bruna Marques
Revisão: Matheus Wilson de Oliveira Rodrigues e Alexandra Colontini
Imagem da capa: Lemi Ghariokwu

Esta obra foi publicada com apoio da Fapesp, n° do processo 2016/08542-5.

CIP-BRASIL. CATALOGAÇÃO-NA-FONTE
SINDICATO NACIONAL DOS EDITORES DE LIVROS, RJ

S579F

Silva, Rosa Aparecida do Couto
Fela Kuti : contracultura e (con)tradição na música popular africana
Rosa Aparecida do Couto Silva. - 1. ed.
São Paulo : Alameda, 2017.
21 cm

Inclui bibliografia
ISBN 978-85-7939-492-8

1. Contracultura. I. Título.

17-43334   CDD: 306.1
                           CDU: 316.754

ALAMEDA CASA EDITORIAL
Rua 13 de Maio, 353 – Bela Vista
CEP 01327-000 – São Paulo, SP
Tel. (11) 3012-2403
www.alamedaeditorial.com.br

Aos queridos Ângela, Antônio, Miguel, Ana Carolina e Matheus W.

Todos correm
Todos dispersam
Alguém perdeu dinheiro
Alguém está quase morrendo
Uma pessoa acabou de morrer
A polícia está vindo, o exército está vindo!
Confusão por toda parte
Vários minutos depois
Tudo se acalmou, irmão
A polícia está indo, o exército está indo
Deixam sofrimento, lágrimas e sangue
Sua marca costumeira!

(Sorrow, Tears and Blood, Fela Kuti)

Sumário

9   Apresentação

11   Prefácio

13   Introdução

29   **1. *Teacher don't teach me nonsense***
29   Afrobeat: a música que nos salta aos olhos
38   Yabis time ou a busca da aura perdida
48   Colomentality, hear

69   **2. *I.T.T – InternationaL Thief Thief!* – Afrobeat,
     contracultura e globalização**
69   Laços entre globalização, racismo e imperialismo
84   Afrobeat enquanto movimento contracultural: 1974 – 1979
117   Possibilidades de uma estética em afinidade com a diáspora
     e suas relações com o mercado fonográfico

133   **3. O pós-colonial sonoro e suas contradições criativas**
133   O sistema tonal como força colonizadora
143   O Modalismo e a terceira via do jazz
155   Jazz como caminho, Afrobeat como síntese

171   **Considerações finais**

175   **Referências bibliográficas**

181   **Agradecimentos**

Apresentação

Embora a música africana esteja presente em todas as células da música brasileira, são relativamente poucas as publicações, no Brasil, sobre a música da África. O livro de Rosa Aparecida do Couto Silva, que agora o leitor tem em mãos, busca contribuir justamente para minimizar essa ausência. Resultado de uma dissertação de mestrado, defendida brilhantemente pela autora, no Departamento de História da Unesp, campus de Franca, as páginas que se seguem são muito mais que um trabalho acadêmico usual, o que não seria pouco. Trata-se de uma obra de convicção. Uma convicção admirável, por parte da autora, da necessidade de se entender a música da África a partir de uma perspectiva brasileira. Bastante refinada no trato teórico, a autora não busca caminhos fáceis e rotas diretas, tão pouco clichês sobre o que se entende por música africana no Brasil. A começar pelo objeto escolhido: Fela Kuti. Um músico extremamente complexo, refratário a qualquer tentativa de apreensão por meio de simplificações ou esquemas interpretativos.

Fela Kuti: Contracultura e (Con)Tradição na Música Popular Africana, é um trabalho denso, de análise pormenorizada sobre a obra deste instigante músico nigeriano. No entanto, certamente, a maior virtude do livro é a não separação, por parte da autora, da música e da história. Historiadora por formação, a autora possui a qualidade que penso ser necessária para trabalhos de história da música: não apartar a música da sociedade e nem a sociedade da música. Para tanto, a autora apoiou-se muito bem em um aparato teórico-metodológico proveniente dos Estudos Culturais Britânicos e da Teoria Crítica alemã, sem, contudo, transformá-lo, como muitas vezes acontece na academia, em uma camisa de força, em um esquema interpretativo já previamente dado; ao contrario, a teoria para Rosa do Couto, na melhor tradição do pensamento crítico, é um campo de problematizações e não o resultado final da pesquisa. A historiadora, assim, consegue dar conta tanto do fluxo da história quanto do fluxo da música. Os tempos musicais e históricos se encontram e se tencionam no trabalho que o leitor está prestes a conhecer.

Gostaria de mencionar ainda que este livro, para além do estudo da música nigeriana e africana, é também uma contribuição para a compreensão da contracultura e do jazz no período estudado. Inserido tanto no universo da contracultura dos anos 1960-70 quanto no jazz do período, Fela Kuti, como bem estudou a autora, trilhou por estes caminhos e sintetizou-os no *Afrobeat*, sua criação musical mais singular. Assim, os interessados em compreender as variedades de jazz e de rebeldias contraculturais dos anos 1970 encontrarão neste trabalho uma perspectiva não-estadunidense e nem europeia para os temas. Uma perspectiva também pouco estudada no Brasil, no referente ao jazz e à contracultura.

Por fim, como orientador desta pesquisa, queria registrar o prazer que foi trabalhar com a autora, que se mostrou, desde o início, uma pesquisadora autônoma, independente e muito apaixonada pelo que faz. Sem isso, sem um verdadeiro envolvimento com a pesquisa, nada vale a pena. Portanto, o que se segue, é um trabalho feito com as vísceras. Como deve ser.

José Adriano Fenerick
Departamento de História
UNESP, campus de Franca.

Prefácio
Música como desobediência civil

A Nigéria é um dos maiores países do continente africano no que se refere à economia, à importância política e ao contingente populacional. Durante as décadas de 60 e 70 do século XX este país vivenciou fatos como o *boom* do petróleo – atraindo a atenção de multinacionais de toda espécie – ao mesmo tempo em que passava por uma grande instabilidade política na mão de governos militares truculentos, marcados pelo desrespeito aos diretos individuais; além do conflito de secessão, conhecido como Guerra da Biafra, onde milhares de pessoas foram cruelmente executadas.

A vida cultural pululava em extravagância e criatividade e, concomitantemente, corpos eram deixados boiando nas areias de Victória Beach, executados publicamente por assalto à mão armada em Lagos, sua antiga capital e – ainda hoje – sua maior metrópole.

Estes fatos compõem parte do cenário em que surgiram as músicas de Fela Anikulapo-Kuti, reverberando em um ambiente extremamente profícuo, onde novas ideias mostravam-se necessárias e, eu diria, urgentes.

Fela Kuti foi um músico controverso, contraditório e, acima de tudo, extremamente criativo. Compôs incansavelmente, sendo que grande parte de suas músicas foram lançadas por selos independentes, resistindo até o último momento aos ataques da indústria de discos, com a mesma obstinação que resistiu aos ataques das forças policiais nigerianas. Para ele a música era uma arma para o futuro e fazer música era algo relacionado ao sagrado, no qual o ritual mostrava-se como uma jogada intelectual e uma reorientação política.

Extremamente preocupado com as questões sociais e, especialmente, com a situação social dos negros em seu país, na África e em todo o mundo, Fela tinha o pan-africanismo como grande arcabouço teórico e como substrato intelectual para suas ações. Não seria possível pensar mudanças sociais significativas sem o combate efetivo ao racismo, que colocava (e ainda coloca) os negros e o continente africano em situação de subalternidade.

Desobediente por natureza, acreditava que não devíamos obedecer a regras e leis que servissem ao *status quo* ou que mantivessem desigualdades sociais, fato que o levou à prisão por diversas vezes, colocando sua própria integridade física em jogo. Mas, Fela era um ser humano, um homem de seu tempo, um indivíduo moldado por uma socialização oriunda de várias influências culturais e sociais, africanas e extra africanas. E, além do mais, como fora o caso de cada um dos grandes revolucionários e revolucionárias que marcaram as distintas épocas, e à despeito de suas avançadas ideias políticas para o continente africano, ele não se viu livre de preconceitos e contradições, dentre eles o sexismo e a homofobia.

A obra deste extraordinário e complexo artista é o foco de interesse do livro que o leitor possui em mãos.

Que a força da mensagem de Fela Kuti possa trazer esperança e inspiração para nós, particularmente nestes momentos que, já em pleno século XXI, enfrentamos mais um período de retrocesso político e avanço de ideias e ideais francamente retrógrados.

Que a música possa ser, mais uma vez e sempre que necessário, munição para que possamos lutar por nossos sonhos.

Carlos Moore,
Salvador, Bahia
9 de Novembro de 2016

Introdução

Antes de iniciar todo processo que envolve uma pesquisa de pós-graduação – a escolha de um tema e a escritura de um projeto – a pergunta que realmente tirava minha tranquilidade e aguçava minha curiosidade era "o que Fela possui de essencialmente africano?" Esse continente, ainda desconhecido por mim, pairava no meu imaginário movendo um conjunto de forças que escapavam do meu entendimento naquele momento.

Obviamente, a questão que me incomodava era uma *falsa* questão. Este fato ficou claro para mim durante o percurso da pesquisa – o lidar com as fontes e confrontá-las às referências bibliográficas nas quais me apoiei. Também fui, de diversas formas, aconselhada por meus colegas mais experientes no campo da pesquisa acadêmica para os perigos e a falsidade deste tipo de questionamento. A resposta para ela poderia ser um evasivo "tudo" ou um desalentador "nada". Entretanto, mesmo diante disso, eu – intimamente – ainda não estava convencida. A importância desta pergunta ingênua, pude perceber, não estava em conseguir respondê-la satisfatoriamente – o que seria impossível – mas sim no fato de que uma ideia do que é "ser africano" estava no centro dos questionamentos do meu próprio "objeto de pesquisa". Estava, ainda, no centro dos questionamentos de um grupo significativo de artistas, pensadores, escritores e pesquisadores, em determinado período histórico. O que nos levou (a mim e a Fela Kuti) a tal questionamento talvez seja a pergunta certa. Onde esse questionamento pode nos levar pode ser, também, uma questão mais apropriada. Acredito que a obra de Fela Kuti possa ajudar a compreender algumas das questões latentes no período imediatamente após a independência nigeriana. Não que ele apresente respostas claras que resolvam todas as dúvidas, mas porque ele sentiu e registrou musicalmente grande parte dos desafios que sua época apesentava. Neste sentido, autores como Carlos Moore, Michael E. Veal, Tejumola Olanyian e Sola Olorunyomi permitiram a possibilidade de vislumbrar aspectos fundamentais da biografia de Fela, assim como aspectos políticos, econômicos e culturais de seu país – Nigéria – no memento em que o músico pensava sua obra. São estes autores que dão base para a apresentação do objeto que se segue.

Fela Anikulapo Kuti nasceu em uma pequena cidade chamada Abeokuta em 15 de outubro de 1938. Entretanto, segundo o próprio músico, 1938 teria sido o ano de seu segundo nascimento, sendo que o primeiro acontecera três anos antes, em 1935. Naquele momento Fela teria recebido o nome de Hildegart, escolhido por um missionário alemão, amigo de seu pai. Diante do fato e da recusa de carregar um nome vindo de colonizadores, o pequeno feto faleceu, renascendo em 1938, sendo assim chamado Fela – "aquele que emana grandeza".

> Carregar o nome dos conquistadores? Ou rejeitar essa primeira chegada ao mundo? Os *orixás*, eles me ouviram. E eles me pouparam. Duas semanas após meu primeiro nascimento, minha alma deixou meu corpo para voltar ao mundo dos Espíritos. O que eu posso fazer? Eu não era Hildegart! Merda, cara! Não era pra um branco me dar meu nome. Então foi por causa do nome que eu já conheci a morte.[1]

---

1   MOORE, Carlos. *Fela: Esta Vida Puta*. Belo Horizonte: Nandyala, 2011. p. 36 Grifo do Autor.

Essa visão singular dos acontecimentos, atravessada por toda uma gama de questões nas quais a vida cotidiana, a religião e política se mesclam e se confundem é uma marca presente na obra e no pensamento de Fela.

Seu pai, Reverendo I. O. Ransome-Kuti, era um rígido professor e proprietário da Escola Secundária de Abeokuta que se pautava em uma educação cristã. Ali, Fela recebeu suas primeiras lições musicais e teve contato com a língua inglesa e a cultura ocidental. Sua mãe, Funmilayo Ransome Kuti, era uma ativista que lutava pelos direitos femininos. Fundou em 1940 a Associação das Mulheres Nigerianas e chegou a visitar os países da então chamada "Cortina de Ferro", além de manter proximidade com líderes como Kwame Nkrumah.[2] Sua figura forte irá marcar a carreira do músico por toda a vida.

Abeokuta, a cidade natal de Fela e sua família, foi fundada pelos Egba em 1830, localizando-se cerca de 96 quilômetros da cidade portuária Èkó, que viria a se chamar Lagos e tornar-se a capital nigeriana. Como aponta Micheal E. Veal, Abeokuta era reconhecida como um centro onde predominavam a missão e a educação cristã, graças à presença de ingleses que ali se estabeleceram em 1807 com o intuito de abolir o tráfico de escravizados. A cidade tornou-se, então, local de retorno de ex-escravizados iorubás, que haviam sido repatriados em Serra Leoa, recebendo assim uma instrução cristã.[3]

Fela cresceu em uma Nigéria sob domínio colonial inglês. Estudou música na Trinity University em Londres no final década de 1950 e lá teve um contato mais intenso com as inovações da música em nível mundial, do Free Jazz ao Rock. Em Londres, montou sua primeira banda intitulada Koola Lobitos, com a qual executava um estilo musical que Fela chamava de Highife Jazz, apresentando uma mistura do highlife – ritmo bastante

---

2 *Ibidem.* p. 47-54

3 VEAL. Michael E. *Fela – the life and times of an African musical icon*. Philadelphia: Temple University Press, 2000. p. 23

apreciado no Oeste africano com características da linguagem jazzística. Neste processo de descoberta musical, Fela assimilou elementos importantes que serão fundamentais para o Afrobeat – estilo pelo qual ficou conhecido e do qual é idealizador.

O despertar do músico para as questões políticas se deu em relação íntima com a Diáspora. Em uma viagem aos Estados Unidos da América, em 1969, Fela entra em contato mais direto com o movimento pelos direitos civis, com a biografia de Malcolm X e com a questão do racismo – latente naquele momento entre os norte-americanos. Sandra Smith, uma jovem ativista negra, foi a responsável por catalisar o processo de transformação intelectual e política do músico, fazendo-o atentar para pontos sobre os quais já possuía algum conhecimento – como o pan-africanismo, as lutas contra o racismo e pela liberdade política e econômica da África – mas que não ainda não eram entendidos como importantes por ele.

O "despertar" político de Fela Kuti irá caracterizar sua carreira, suas composições e sua vida pessoal, permeada por enfrentamentos violentos com as autoridades nigerianas. A ideia-base deste processo de construção política e identitária é justamente o pan-africanismo e a busca por uma valorização da herança africana compartilhada por todos os negros no continente e na diáspora. O combate ao racismo e à visão pejorativa de tudo que se relacionava à África tornaram-se objetivos declarados. Essa transformação é passível de ser verificada na obra de Fela – desde as performances em sua casa de shows *"The Shrine"* até a estrutura de suas composições – que passam a buscar referências africanas mais explícitas, entendidas como forma de resistência política perante as consequências do colonialismo europeu.

Essa mudança, suas motivações e sua base ideológica pan-africanista é o cerne das questões levantadas no primeiro capítulo deste trabalho. Para isso, o foco recai na análise das apresentações ao vivo *enquanto* performances, permeadas de teor místico e ritual. A performance escolhida foi a apresentação do Festival de Glastonbury, em 1984, no qual

Fela e sua banda Egypt 80 apresentam duas canções: *Confusion Break Bone* e *Teacher Don't Teach Me Nonsense*. O *show* completo está disponível em vídeo, transformado no documentário *Fela Live* no qual imagens do show são intercaladas com entrevistas realizadas com o músico.

Neste primeiro momento a ideia é desvendar o modo como as diversas facetas da obra de Fela – política, religião, tradição, modernidade – se entrelaçam causando tensões, repousos, silêncios e ruídos. Neste sentido, o aspecto visual e imagético das performances é tão marcante quanto o aspecto sonoro e para a análise da performance supracitada alguns autores foram fundamentais, tais como Richard Schechener, que extrapola o sentido do termo "performance" no qual inclui também o aspecto mágico dos rituais religiosos. Além deste, Carlos Calado é fundamental para o entendimento dos elementos característicos do jazz presentes nas apresentações de afrobeat realizadas pelas sucessivas bandas de Fela (Nigéria 70, Afrika 70, e Egypt 80).

Em conjunto com o esmiuçar dos aspectos visuais da performance, há a análise da apresentação da música *Teacher Don't Teach Me Nonsense*, escolhida por ter uma participação marcante das dançarinas, que possuem a função de compor o significado pleno da música, deixando clara a importância, para o Afrobeat, do momento único em que consiste a performance ao vivo e toda a teatralidade que envolve este evento.

A música de Fela Kuti situa-se no momento crucial do pós-colonial, onde novas identidades são forjadas e buscam espaço no cerne das transformações pelas quais passam os países africanos, em constante processo de modernização e busca por autonomia. Para trabalhar questões como estas, em um primeiro momento, autores como Walter Benjamim auxiliam a compreender o papel da obra de arte no Ocidente e a compreender acerca da música na era da reprodutibilidade técnica. Este autor, juntamente com Theodor Adorno, permitem a tentativa de pensar a música africana em relação com os recursos materiais – frutos de técnicas industriais – trazidos para África pelo contato com o Ocidente. Com

Adorno, a obra de Fela é analisada a partir das categorias de "função" e "utilidade" da música, considerando sua relação com a *racionalidade--voltada-para-os-fins*, marca mais intensa da sociedade instaurada pelo processo de modernização capitalista e também sua relação com as tradições musicais africanas, tais como a *yabis music*.

A análise de *Colonial Mentality*, música na qual Fela censura a mentalidade e comportamento da elite nigeriana ocidentalizada, encerra o primeiro capítulo. Neste momento, há um aprofundamento da questão do Pan-africanismo e da Negritude e a forma como estes pensamentos estão presentes na obra do nigeriano. Para isso, Mário Pinto de Andrade e Kabengele Munanga surgem na trama que estrutura o texto. Para a apreensão da essência racista que permeia a lógica imperialista, autores como Hannah Arendt, Edward Said e Stuart Hall lograram ser fundamentais.

No decorrer da pesquisa da qual resulta este texto, foi possível constatar, como expus acima, que na obra de Fela havia uma necessidade intrínseca de saber "o que é ser africano" ou "qual a importância e lugar dos africanos no mundo", e que essa necessidade era marcada pela busca de uma resposta que não fosse: "servidão". Na África dos anos 1960, 70 e 80, que viveu anos de lutas pelas independências políticas, esse questionamento parecia urgente e muitos o fizeram. As possibilidades de respostas faziam um caminho de ida e volta constante – da África para a América; do Novo Mundo para o Velho Continente.

A África e a invenção do "afro"

Afrobeat, afro jazz, afro modernismo, afrodescendente, afro-sambas, afro-brasileiro, afro-americano. O que, necessariamente, une todos esses termos e mais uma infinidade de variações é justamente uma ou múltiplas concepções de "África".

África é o terceiro continente mais extenso do mundo, com cerca de 30 milhões de quilômetros quadrados e subdividido, atualmente, em 54 países, cada qual com suas pluralidades étnicas e linguísticas que nem sempre representam relação com as fronteiras oficiais. Como pôde, no imaginário de milhões de pessoas na diáspora e no próprio continente, a união de um território tão vasto e diversificado culturalmente em um conceito, em um *ethos* aglutinador de identidades do qual deriva o termo *Afro*?

Tal concepção de África nasce justamente na diáspora, onde as diferenças entre, por exemplo, zulus e achantis, não eram parte do cotidiano dos homens e mulheres do Novo Mundo. No início do século XX, principalmente nos Estados Unidos, diversos pensadores e artistas, como Alexander Crummell, Edward Blyden e W. E. B. Du Bois, começaram a lançar as bases de um pensamento que influenciaria gerações futuras. Esse pensamento, seria uma resposta ao racismo científico do século XIX e buscaria justamente entender os motivos que levavam ao negro ser compreendido como inferior no escalonamento da espécie humana. No desenrolar desse pensamento – que não é uno e possui suas próprias vertentes – a África passou a ser entendida como local de origem da humanidade e, mais que isso, como um local de origem da população *negra*. A ideia de raça e de nação eram então, fundamentais.

A primeira geração de pan-africanistas, inaugurada pelos textos do padre afro-americano Alexander Crummell, possuía a raça como um conceito norteador. Como nos diz Appiah,

> A "África" de Crummell é a pátria da raça negra, e seu direito de agir dentro dela, falar por ela e arquitetar seu futuro decorria – na concepção do autor – do fato de ele também ser negro. Mais do que isso, Crummell sustentava que havia um destino comum para os povos da África – pelo que devemos sempre entender o povo negro –, não porque eles partilhassem de uma ecologia comum, nem porque tivessem uma experiência histórica comum ou enfrentassem uma ameaça comum da Europa imperial, mas por pertencerem a essa única raça. Para ele, o que tornava a África

unitária era ela ser a pátria dos negros, assim como a Inglaterra era a terra dos anglo-saxões, ou a Alemanha, a dos teutões.[4]

Tanto uma concepção de raça quanto um nacionalismo herderiano, ambos em voga no século XIX, estão presentes na obra deste pioneiro. Obra que foi, juntamente com outras importantes contribuições, fundamental para o pan-africanismo do pós-II Guerra Mundial, quando houve uma apropriação deste movimento pelos próprios africanos, assim como para os militantes que lutaram pelos direitos civis nos Estados Unidos, nas décadas de 60 e 70, com seus devidos ecos e modificações necessárias. O que motivou esses movimentos foi uma concepção de solidariedade baseada na crença de que os negros possuem uma origem e um passado em comum, que compartilharam um histórico de sofrimentos e lutas pela liberdade política e contra a desigualdade racial. Desta forma, pensar África como terra-mãe de todos os negros não parecia ser algo contraditório, uma vez que a total racialização do nacionalismo se ocupava em dar sentido à ideia.

Esse movimento transformou, paulatinamente, o continente africano em uma entidade, *locus* de ideologias e fonte de inspiração. Obviamente, esse processo de transformar algo material – um território repleto de pessoas com estilos de vidas e crenças tão distintos – em algo que habita o imaginário coletivo, criando identidades poderosamente combativas, não poderia passar sem tensões e o desenvolvimento de diferentes pontos de vista.

Cabe aqui, para as discussões que virão, citar mais uma vez Appiah. Sobre o conceito de raça ele aponta que,

> A verdade é que não existem raças: não há nada no mundo capaz de fazer tudo aquilo que pedimos que a raça faça por nós. Até mesmo a noção do biólogo tem apenas usos limitados. A noção

---

4   APPIAH, Kwame Anthony. *Na casa de meu pai: a África na filosofia da cultura.* Rio de Janeiro: Contraponto, 1997. p. 22.

(...) que subjaz aos racismos mais odiosos da era moderna não se refere a absolutamente nada que exista no mundo. O mal que se faz é feito pelo conceito, e por suposições simplistas – mas impossíveis – a respeito de sua aplicação.[5]

Se a própria ideia de "raça" não pôde ter sua existência comprovada de forma efetiva na biologia e na história, resta ainda seu caráter puramente ideológico que, por sua vez, tornam reais as consequências sociais e históricas do racismo.

Tendo como base o pan-africanismo e a procura por referências africanas para suas composições, Fela Kuti abrirá um espaço de sobrevivência no – muitas vezes impiedoso – mercado fonográfico. Neste processo, ele desenvolve o estilo que fica conhecido como Afrobeat e ao qual será sempre relacionado.

As questões que permeiam as escolhas musicais de Fela, assim como a formulação do Afrobeat enquanto um movimento contracultural que ultrapassa os aspectos sonoros, se expandindo para a dança e para as artes plásticas é um os temas abordados no segundo capítulo deste trabalho. Para tratar o Afrobeat enquanto contracultura, algumas fontes primárias foram utilizadas, tais como o Manifesto do MOP (Movement of the People) partido político criado por Fela para tentar concorrer às eleições presidenciais nigerianas. Este documento foi gentilmente cedido por Pedro Rajão, que conseguiu uma cópia digitalizada em sua viagem à Nigéria. Trechos deste manifesto também estão presente no livro *Afrobeat! Fela and the imagined continent*, de Sola Olorunymi. Além do manifesto citado, foram utilizadas reproduções digitais das carteirinhas de filiação ao YAP (Young African Pioneers) e uma cópia digital de uma edição do *YAP News*, jornal produzido pelos jovens ligados ao movimento em torno de Fela. Esses documentos foram gentilmente fornecidos por Lemi Ghariokwu, um dos fundadores do YAP. Para a apreensão de como se configura um movimento contracultural, foram utilizados auto-

---

5   *Ibid*, p. 75

res como Dan Joy e Ken Goffman, que permitem vislumbrar como esses movimentos variaram em diversos períodos históricos.

Além do aspecto contracultural presente no movimento no qual se verteu o Afrobeat, neste mesmo capítulo foi realizada uma análise da arte dos encartes dos LPs de Fela. Assim como a música em si, as capas apresentam uma mudança significativa e passam a não somente apresentar o músico, sua banda e as músicas que compõem cada suporte, mas adquirem caráter artístico – no qual o traço do artista que desenha a capa é respeitado e valorizado – estando sempre em relação com as temáticas e o pensamento político presentes no Afrobeat. O acesso às fontes para este tópico foi facilitado por Ramiro Zwetsch, que forneceu cópias digitalizadas das capas dos discos do acervo de Carlos Moore – sociólogo cubano que foi biógrafo e amigo de Fela Kuti. Atualmente, os discos que foram pertencentes a Carlos Moore compõem o acervo do Museu Afro Brasil.

Para a análise dos encartes, foram utilizadas obras de autores como David McCarthy e Arthur C. Danto, com o intuito de relacionar as capas a outro importante movimento artístico, a *Pop Art*. A hipótese deste tópico é a existência de um diálogo possível entre o Afrobeat, através de nomes como Lemi Ghariokwu e Tunde Orimogunje e a *Pop Art* de Andy Warhol e Richard Hamilton, no que se refere à busca pela rearticulação, na contemporaneidade, dos laços que uniam a arte à vida.

A arte, na atualidade, é entendida também como um produto a ser vendido e consumido e as relações entre os artistas e a indústria da cultura pode ser, muitas vezes, conflituosa. Ainda no segundo capítulo, foram apontadas as relações estabelecidas entre Fela Kuti e as grandes gravadoras e distribuidoras de discos, além das formas encontradas por este músico para manter o máximo de autonomia possível diante das vicissitudes do mercado mundial de música. Dessa tentativa de manter a autonomia criativa e ao mesmo tempo sobreviver de forma mercadológica surgiu o selo independente Kalakuta Records e parcerias com músicos experimentalistas como Ginger Baker, baterista da banda Cream, com o qual Fela gravou o disco *Live!*

Fela Kuti: contracultura e (con)tradição na música popular africana 23

Partindo do conceito de "cultura popular negra", presente na obra de Stuart Hall, surgiu a hipótese de pensar a obra de Fela como formuladora de uma estética em relação com a diáspora, considerando que a experiência diaspórica proporcionou a criação do Afrobeat, que por sua vez, possui laços com uma infinidade de outros gêneros musicais de matriz africana, tais como o *blues* e o *jazz*.

Todos esses aspectos são precedidos de uma discussão acerca do lugar do continente africano no mundo globalizado, mundo este entendido como resultado da expansão imperialista do capitalismo, assunto aprofundado através da obra de David Harvey. Aqui, o foco recai sobre a música ITT, *International Thief Thief* na qual as questões que permeiam a temática da globalização são constituintes de sua lógica e estrutura musical. A inspiração para discutir o processo de globalização, veio de autores como Frederic Jameson, Ulrich Beck e principalmente de Stuart Hall, autor que nos traz a questão da formulação de identidades plurais no mundo atual.

Fela, Fela, Fela!

A Nigéria verteu-se em uma colônia britânica, assim como outras regiões da África, após a Conferência de Berlim (1884-1885), na qual as antigas divisões territoriais do continente foram redefinidas e as terras redistribuídas de acordo com os interesses imperiais europeus. Esse fato é resultado de mais de trezentos anos de contatos entre África e Europa através de trocas comerciais e alianças políticas.[6] A infância de Fela foi marcada por lembranças onde se misturavam imagens de soldados ingleses que exigiam que todo homem ou mulher se curvasse diante da

---

6   Ver: HERNANDEZ, Leila Leite. *A África na Sala de Aula* – visita à história contemporânea. São Paulo: Selo Negro Edições, 2005. e UZOIGWE, Godfrey N. Partilha da África e conquista da África: uma apanhado geral. In: *História Geral da África VII*. Brasília, UNESCO, 2010.

bandeira britânica, com imagens de tradicionalistas lutando pela preservação dos antigos costumes diante do avanço da cultura do colonizador.

A administração colonial inglesa erigiu em solo africano uma série de instituições burocráticas que visavam manter a política colonial em funcionamento, tais como escolas, igrejas missionárias, além da criação de cargos burocráticos ocupados por europeus e também por lideranças africanas.[7] A colonização inglesa prezava pela administração indireta, idealizada por homens como Lord Lugard – mais barata e mais "legítima" diante dos olhos do autóctone, o que permitiu o nascimento de uma elite negra versada na cultura e códigos ocidentais e capacitada para ocupar cargos na administração colonial, elite da qual a família de Fela fazia parte.

A existência de sistemas educacionais e religiosos coloniais, além de toda a burocracia, da coerção física e da violência que marcaram estas formas de intervenção externa, contribuíram para a transmissão dos valores culturais ocidentais. Houve também o desenvolvimento de questões caracteristicamente surgidas após o contato colonial, tais como a Guerra Civil nigeriana (1967-70), que eliminou milhares de ibos.

Essas questões, entre muitas outras, são tratadas por Fela em suas canções atravessadas de acontecimentos cotidianos que remetem inevitavelmente à história de seu país e do continente como um todo. À história da busca pela estabilidade política e econômica.

A música de Fela apresenta uma fuga dos padrões designados pelo mercado fonográfico: canções polêmicas com longa duração, letras repletas de denúncia social, posicionamento político explícito e encartes que buscavam agregar valor estético ao disco como um todo.

Fela pretendia utilizar sua obra como uma arma – o alvo era o racismo e os "efeitos secundários" da colonização que ecoavam na década de 70, e ainda ecoam no continente africano. Essa arma ideológica

---

7   BETTS, Raymond F. A dominação europeia: métodos e instituições. In: *História Geral da África VII*. Brasília, UNESCO, 2010.

era inspirada pelo pensamento pan-africano de homens como Du Bois, Kwame Nkrumah e Anta Diop, pela negritude de Aimé Cesaire e pela contracultura estadunidense. É latente em suas composições a necessidade de um retorno a uma "África original", a mesma "África" que deu início à discussão deste trabalho. A ideia impossível de retorno às tradições africanas,[8] paradoxalmente contracultural para as circunstâncias aqui estudadas, é trespassada pelo fato de Fela representar e, ao mesmo tempo negar, a elite ocidentalizada nigeriana. O Afrobeat só seria possível em um ambiente essencialmente pós-colonial como a Nigéria e sua capital Lagos, nos anos posteriores à independência.

O termo pós-colonial é utilizado aqui como uma maneira possível de se compreender o processo de colonização como parte do processo de expansão capitalista. O uso do termo, segundo o viés empregado por Stuart Hall, pretende auxiliar a evitar binarismos pouco esclarecedores e apontar as mudanças que marcam as relações entre ex-metrópoles e ex-colônias, após as independências conquistadas e a descolonização efetivada.

O Afrobeat, em seus aspectos musicais e extramusicais diz algo acerca das tensões vividas por pessoas que pretendiam retomar as rédeas da História (ou recusar uma História com H maiúsculo) e que tinham diante de si o desafio de desenvolver suas economias e suas próprias vidas perante o capitalismo em processo acelerado de globalização.

Fela congrega em sua música as aspirações pan-africanistas, inspirado no sonho da libertação das populações negras do racismo, fazendo assim, uma contundente crítica ao legado cultural do Ocidente. Foi necessário verificar, portanto, os meandros desta crítica no decorrer do último capítulo deste trabalho.

A reflexão que inaugura o terceiro capítulo toma como base a obra do musicólogo ganense Kofi Agawu, que traz a ideia da música tonal – lin-

---

8 Fela propagava em suas músicas e em seus discursos políticos o retorno às religiões tradicionais iorubanas e às divindades egípcias. Propagava a ideia de poligamia, criticava, entre outras coisas, o uso de vestimentas ocidentais, de creme dental etc.

guagem predominante no mundo Ocidental – como umas das forças no processo de colonização europeia no continente africano. Para Agawu o tonalismo apresenta-se como um fator que padroniza (mas não elimina) o pluralismo da música africana. A hipótese central deste trabalho é que o afrobeat só é possível como fruto desta tensão causada pelo contato entre a música ocidental e as formas de resistência das musicalidades africanas autóctones e diaspóricas. Colocando o tonalismo em debate, há neste último capítulo a tentativa de traçar as soluções encontradas por Fela para superar as visões de mundo – e de música – impostas pelo colonizador europeu.

As soluções musicais criativas encontradas por Fela concatenam todas as discussões desenvolvidas nos capítulos anteriores – acerca de experimentalismo, política, ritual, mercado fonográfico, contracultura e arte.

Estes aspectos podem ser verificados em canções como *Confusion Break Bone* na qual o modalismo e o jazz são vias de experimentação e de encontro com as tradições musicais africanas. Fela mescla referências à África pré-colonial com as influências musicais de sua época (jazz, blues, soul, highlife), aprofundando os aspectos técnicos característicos do Afrobeat, desenvolvidos durante toda a década de 70 do século XX.

No processo de construção do terceiro capítulo o foco é a análise mais técnica e estrutural de *Confusion Break Bone* e a escolha desta música justifica-se por seu caráter extremamente experimental, apresentando soluções musicais que causam um grande estranhamento quando recepcionada por ouvidos ocidentais. Para as análises e para discussão pautadas em termos mais técnicos da linguagem musical autores como Flo Menezes, José Miguel Wisnik, Joachim Berendt e Arnold Schoenberg suprem as necessidades teóricas.

A obra de Fela revela um grande potencial crítico e funciona como um comentário acerca das questões de sua época. Em seu processo de composição – que vai da criação de padrões estáveis para o Afrobeat à quebra destes mesmos padrões – este músico conseguiu captar momentos pelos quais passavam os países africanos em meados do século passado. Neste sentido, sua música foi uma importante arma na luta contra o racismo, contra os governos autoritários nigerianos e também é uma potente forma de acessar o processo de construção identitária que permeia o momento pós-colonial.

1

TEACHER DON'T TEACH ME NONSENSE

Afrobeat: a música que nos salta aos olhos

Festival de Glastonbury, 1984.[1] O mestre de cerimônias, tendo o microfone em seu poder, anuncia: "E agora (...) eu tenho o prazer de apesentar a vocês os mais belos filhos da África!" A próxima atração a ocupar o palco é a banda *Egypt 80* e Fela Kuti, apresentado carinhosamente como "*The Black President*", como um "pioneiro", "um homem que luta contra as injustiças e pela emancipação africana", um homem que "através de sua música leva esperança ao povo negro em todo o mundo".

Após a calorosa apresentação, Fela é convidado a ocupar o palco e o faz, caminhando até o centro e cumprimentando o público com os braços erguidos e os punhos cerrados, repetindo o famoso gesto que referendava o *Black Power* dos negros estadunidenses, inventado durante as lutas pelos direitos civis, na década de 60. A entrada é acompanhada pelo barulho de todos os instrumentos tocados ao mesmo tempo que só cessam ao sinal do músico. Todo o show da banda – composta por 20

---

1   Este festival foi registrado em vídeo por Arts Internacional Production em associação com The Nacional Video Corporation, em 1984, com trechos de falas de Fela sobre sua concepção de música e política, com o nome *Fela Live*.

músicos, 6 dançarinas e 5 *backing vocals,* além de Fela – dura cerca de 51 minutos, durante os quais duas músicas são executadas: *Confusion Break Bone* e *Teacher Don't Teach me Nonsense.*

A formação de *jazzband* que caracteriza a Egypt 80 é marcada principalmente por toda a simbologia apresentada em palco, além da teatralidade que marca cada performance da banda. Este caráter teatral e ritualístico pode ser observado em grupos de jazz, desde o surgimento deste gênero musical que é um dos componentes que marcam o Afrobeat – desenvolvido por Fela na década de 70.

Segundo Carlos Calado, o espetáculo e a teatralidade desempenharam um papel fundamental no desenvolvimento da linguagem jazzística, dialogando com cada um dos estilos de jazz que se sucederam. Devemos considerar como "espetacular" todo ato empreendido no palco, desde a execução musical em si, até as falas e comentários proferidos pelos músicos, assim como os efeitos utilizados pelo artista para alcançar sua expressividade:

> No jazz, o que importa não é necessariamente a nota musical afinada, mas o som, os efeitos, não a palavra, mas a expressão. E para que esse ideal seja alcançado, tudo é válido, mesmo que contrariando os efeitos técnicos da música erudita: "sujar" o som da flauta misturando o da voz; utilizar notas e harmônicos fora da região habitual do instrumento; produzir efeitos de rugido e "gritos" nos instrumentos de sopro; percutir as cordas do piano diretamente com as mãos.[2]

Estes elementos expressivos encontram-se em abundância nas apresentações de Fela Kuti, que utiliza até o limite os recursos que seu sax soprano pode oferecer – gritos e notas sujas são abundantes em seus momentos de improviso, o que também acontece com seus trompetistas e saxofonistas.

---

2   CALADO, Carlos. *O Jazz como espetáculo.* São Paulo: Perspectiva, 2007. p. 31

Fela Kuti: contracultura e (con)tradição na música popular africana   31

A teatralidade de suas performances fica por conta de seus famosos discursos em palco – os *yabis time*, e por toda a vestimenta extravagante de suas dançarinas e do coro formado pelas *backing vocals*. Fela veste-se com um conjunto de calça e camisa azuis, com flores coloridas. As cantoras usam igualmente roupas coloridas e uma infinidade de adornos, como conchas, búzios, brincos e colares. Algumas usam os cabelos trançados com miçangas coloridas e todas possuem o rosto pintado, assim como Fela, com um pó branco considerado sagrado. Na segunda parte do *show* entram as dançarinas e inicia-se um espetáculo à parte. Usando saia e top, ambos exíguos, elas apresentam-se sensualmente, tão adornadas quanto as *backing vocals*, em uma coreografia que nos faz lembrar transes dos rituais religiosos.

Antes do início *do show*, o músico confessa: "Vocês não imaginam o horror que passei para cantar neste palco esta noite. Tudo está difícil e horrível",[3] fazendo uma referência aos seus anos de luta violenta contra as autoridades nigerianas e pela valorização do que ele entende por "cultura negra", anos nos quais esteve à beira da morte, tendo ocupado as celas de *Alagbon Close*[4] mais de uma vez.

Sua performance inicia-se com a música *CBB – Confusion Break Bone*, que dura 27 minutos e 15 segundos. Aqui, entendemos como performance não só a expressão artística específica de artistas como Bob Wilson ou o grupo Fluxus,[5] mas iremos abranger o conceito, como fez Richard Schechner, para incluir neste campo de estudos "toda atividade onde um

---

3   Fala retirada da gravação do festival de Glastonbury, feita por Arts Internacional Production em associação com The Nacional Video Corporation, em 1984.

4   Alagbon Close é o nome da delegacia central do Departamento de Investigações Criminais, em Lagos. Esta delegacia dá o nome para um disco de Fela, lançado em 1975. Ver: MOORE, Carlos. *op. cit.* p. 131

5   COHEN, Renato. *Performance como linguagem*. São Paulo: Perspectiva, 2009.

participante, em dada ocasião, pretende influenciar de alguma maneiras seus interlocutores."[6]

Partindo desta premissa, toda performance prefigura algo que pretende ser comunicado, nas artes, no cotidiano ou nos rituais, e toda atividade humana pode ser compreendida "*enquanto*" performance, se considerarmos seu grau de *performatividade*. Isso significa que certas perguntas podem ser direcionadas ao objeto a ser estudado *enquanto* performance:

> Qual a duração do evento no espaço-tempo? Que tipos de roupas e objetos especiais são utilizados? Quais papéis são representados e no que estes papéis diferem da personalidade do artista? Como os eventos são controlados, distribuídos, recebidos e avaliados?[7]

Considerando o suporte utilizado para análise e descrição da performance de Fela no festival em questão – uma gravação em vídeo –, vale lembrar as considerações de Philip Auslander. Este autor amplia a noção de performance estendendo-a para os artefatos que permitem que ela se torne imaterial e "desencorpada" (*disembodied*), ou seja, uma apresentação que teve lugar em um espaço-tempo específico, pode ser experimentada, mesmo que de maneira indireta, através de vídeos e dos suportes de gravação sonora. Logo, a partir da invenção do fonograma, em 1890, no contexto da música popular, esta *disembodied performance* tem sido a regra das experiências e vivências musicais, através da cultura material.

Os artefatos culturais da música popular não somente reproduzem e preservam performances que aconteceram em outros luga-

---

6 SCHECHNER, Richard. *Performance Studies* – an introduction. USA: Routledge, 2002, p. 29

7 *Ibid* p 49. "How is an event deployed in space and disclosed in time? What special clothes or objects are put to use? What roles are played and how are these different, if at all, from who performers usually are? How are the events controlled, distribute, received, and evaluated?"

res: eles são matéria-prima com as quais fãs ativamente constroem performances e a presença dos músicos, no presente.[8]

Obviamente, ressalta o autor, esse processo de "construção" da performance no presente não acontece de maneira inocente, pelas mãos dos ouvintes ou espectadores, sendo esta interpretada de acordo com as demandas apresentadas pelo presente no qual se situa o ouvinte.

O vídeo que utilizamos como base para esta análise, que nos permite apreender aspectos visuais das apresentações de Fela, foi posteriormente editado para incluir uma entrevista onde o músico disserta sobre sua visão de música, para ele, indissociável de sua visão política amplamente pautada no pan-africanismo, na negritude e, portanto, na busca por vivências mais significativas de uma África ancestral, orgânica e, em grande medida, *imaginada*.

A religiosidade é uma marca presente na produção musical de Fela, tanto no que se refere às letras de suas canções, quanto à estrutura de suas aparições em público. O caráter ritualístico de suas apresentações ultrapassa a proposta cênica de vivenciar uma África imaginada e alcança um aspecto extremamente significativo: no palco, rituais são executados com todo o peso das tradições, até mesmo animais são executados e oferecidos aos orixás durante certas madrugadas no *The Shrine*. The Shrine, ou melhor, "O santuário" é o nome da casa de *shows* de Fela Kuti e sua banda,[9] local em que ele gostava de ser identificado como *Chief Priest*, ou seja, o sumo-sacerdote, o líder messiânico que pretendia levar o conhecimento ancestral aos africanos do século XX.

---

8   AUSLANDER, Philip. *Music as performance:* living the immaterial. Theatre Survey, 47: 2 (Novembro 2006). p. 263. "The cultural artifacts of popular music not only record and preserve performances that took place elsewhere: they are the raw materials from wich fans actively construct performances, and the musicians' presence, in the present."

9   Ver : MOORE, Carlos. *Op. cit.* p. 131

Segundo Schechner, "rituais são memórias coletivas codificadas em ações" e podem "transformar as pessoas permanentemente ou temporariamente".[10] Certos rituais podem ter a característica de "transportar" as pessoas para uma esfera mais profunda do sagrado. Nas palavras do autor, em uma *"transportation performance"*, uma pessoa pode cair em transe, falar em línguas, manusear serpentes, sentir-se feliz com o Espírito – ou realizar muitas outras ações que resultam em experimentar emoções esmagadoramente poderosas.[11]

O modalismo presente em algumas músicas de Fela, a repetição de *riffs* de guitarra e contrabaixo que se alongam por toda a música, juntamente com instrumentos percussivos, como o xequerê e a maraca, que intensamente marcam o pulso das canções, pulso este presente também nos fortes movimentos das cinturas das dançarinas, criam um aspecto extremamente envolvente que pretendem levar o espectador, ou o ouvinte, à experiência de transitar por caminhos espirituais a serem explorados.

A segunda música apresentada no Festival de Glastonbury é a que aqui mais nos interessa. Antes do início Fela declara: "Todos sabemos que os europeus ensinaram aos africanos o que eles sabem hoje, ensinaram o que usamos nos processos governamentais, todos nós sabemos sobre democracia. Eu condeno a democracia agora!" Neste momento, o público reage com gritos e silvos de apoio ao discurso do músico, que continua: "Escrevi uma música sobre democracia, chamada *T.D.T.M.N – Teacher Don't Teach me Nonsense*".

A música, composta em compasso quaternário simples, inicia-se somente com a bateria e as claves marcando o pulso em *alegretto*. Após 25 segundos podemos ouvir a contagem do líder da banda – "one, two, three"– sinal para a entrada das guitarras e do contrabaixo. Assim

---

10 SCHECHNER, Richard. *Op. cit.* p. 52.

11 *Ibid.* "In transportation performance, a person can fall into a trance, speak in tongues, handle snakes, "get happy" with Spirit – or perform many other actions that result in experiencing overwhelmingly powerful emotions"

como em outras tantas composições de Fela, as guitarras e o contrabaixo, auxiliados pela bateria e percussão, funcionam como uma base para o desenvolvimento de tema, dos vocais (sempre dinamizados pelo jogo de canto-e-resposta entre Fela e suas cantoras) e das improvisações de piano e principalmente de instrumentos de sopro, como o saxofone ou o trompete.

Em T.D.T.M.N a linha executada pelo contrabaixo pode ser representada da seguinte forma:

Em grande parte das músicas, baixo e guitarra executam *riffs* curtos, como o acima exemplificado, que permanecem imutáveis, causando uma sensação de estabilidade e continuidade quase hipnótica, sendo usado como um recurso expressivo no qual podemos vislumbrar a intenção de fazer repercutir musicalmente traços do misticismo que citamos acima. As guitarras em *Teacher Don't Teach me Nonsense*, segundo Michael E.Veal, são reminiscências de estilos de grande sucesso na África ocidental, como a *juju music*, ou o *palmwine*.[12]

Este autor aponta que as músicas compostas por Fela nos anos 80 são mais complexas do que as compostas na década anterior com a banda ainda intitulada Afrika 70, quando ainda não estavam firmemente estabelecidas as bases do Afrobeat, e destaca o fato de que as músicas foram alongando-se, dinamizando temas intricados aos metais e ao coro feminino.

Em T.D.T.M.N, o principal alvo de crítica é a uma das instituições mais emblemáticas da Nigéria: a escola ocidentalizada que negava os valores africanos e propagava uma mentalidade colonial, na qual o que importava era a apreensão das bases da cultura ocidental, como por exemplo, o domínio da leitura e escrita do inglês em detrimento das línguas

---

12 VEAL. Michael E. *Op. cit.* p.197

nativas faladas nas ruas, nas casas e no cotidiano das pessoas. Além de atacar as instituições coloniais, Fela critica o processo eleitoral de 1983,[13] através do ato de corromper o sentido da palavra "Democracia".

Democracy, quando pronunciado pelo sotaque nigeriano, soa como *Democraze*, termo que, quando decomposto, possui seu sentido totalmente alterado – Demo-craze, ou Demo-crazy – passa a significar uma "demonstração de loucura" em uma Nigéria permeada por guerras intestinas e governos autoritários, cerceada por soldados que aterrorizavam os cidadãos e corrompida pela pobreza das grandes cidades como a capital Lagos, no período em questão. Democracia era um valor fora do lugar, um conceito imposto pelo colonizador, que não dizia respeito ao modo "africano" de enxergar o mundo e que, portanto, não passava de uma farsa.

Colocando-se como o novo professor a proferir ensinamentos, Fela faz a crítica ao ensino e propagação de toda uma forma de viver ligada à lógica colonial, que valorizava a visão de mundo europeia em detrimento do que Fela imaginava ser a africana. A relação entre cultura, tradição e política explorada pela música, deixa transparecer a ideia de que os problemas relativos à realidade política e econômica vivenciados pela Nigéria após a década de 60 são frutos da continuidade dos mesmos representantes coloniais no poder, e da mentalidade colonizada que estas pessoas, e as instituições que representam, propagam.

A letra da música nos diz:

> Na dem-o-cr-azy be the deal
> Who don teach us ee dem-o-cr-azy?
> Oyinbo teach-ee us
> Oyinbo for Europe-oh[14]

---

13 *Ibid.*

14 Em tradução livre do inglês: Democracia é a regra/ Quem nos ensinou sobre democracia?/ O branco nos ensinou/ O branco europeu.

Se repararmos neste trecho da letra, veremos o termo *democracy* (dem-o-cr-azy) decomposto de forma que a pronúncia, como acontece no sotaque nigeriano, fique destacada e o sentido, como apontamos, corrompido.

A música possui trechos compostos de forma que lembrassem uma música infantil – e para alcançar esse efeito as *backing vocals* cantam de maneira infantilizada, como crianças brincando no intervalo da escola, o coro "Ke-re-Ke/ Ke-re-Ke/Ke-re-Ke/Ke-re-Ke/Ke-re-ke/Ke-re-Ji-Ke-Ke /YAA!" Entre solos improvisados de piano, saxofone e trompete. Jogos infantis são simulados na coreografia e as dançarinas seguram folhas de papel, como se estivem em ambiente escolar, enquanto o coro, acompanhado por Fela, canta o refrão:

> Teacher, teacher-o na the lecturer be your name
> teacher, teacher-o na the lecture be the same
> make-ee no teach-ee me again oh
> as soon teaching finish yes, da thing-ee it gon die it dey-o
> as soon teaching finish yes, da thing-ee it gon die it dey-o[15]

A maior parte das composições de Fela a partir da década de 70 – o que também vale para a composição citada acima – intentam uma fuga dos padrões designados pelo mercado fonográfico, no qual as músicas não costumam ultrapassar 5 minutos e os temas mais recorrentes são amor, a vida cotidiana, a conquista, entre outras coisas. Pelo contrário, as canções da Afrika 70, e posteriormente Egypt 80, são polêmicas e com longa duração. Entretanto, esse afastamento dos padrões mercadológicos e o recorrente envolvimento de Fela com querelas políticas fez com que a banda lançasse um grande número de discos por selos locais, menores e

---

15 Em tradução livre do inglês realizada pela autora: Professor – leitura é o seu nome / Professor e leitura são a mesma coisa/ Por favor, não me ensine novamente/ O estudante para o qual você lecionou no passado morreu/ Você e eu não estamos na mesma categoria.

independentes, como o criado por sua organização em finais da década de 70, o Kalakuta Records, o que permitiu certo de grau de autonomia criativa para a banda, que não produzia músicas para serem tocadas nas paradas de sucesso das rádios nigerianas e estavam embebidas da ideia de "África" e de "africanidade" que Fela possuía.

As concepções de negritude deste músico nigeriano foram apreendidas com a luta pelos direitos civis nos Estados Unidos, em fins da década de 60 e também com pan-africanistas, como Anthony Nkrumah e se reflete nas letras e em todo o *mise-en-scène* ritualístico das apresentações, tanto em festivais e shows no exterior, quanto no próprio Afrika Shrine. Fela pretendia voltar-se para um passado onde a música ainda não havia perdido sua função ritual e social, sua sacralidade, como se a possibilidade de reencontrar um tempo onde esta função ainda existia nos fosse dada.

Yabis time ou a busca da aura perdida

Michel E. Veal introduz sua obra sobre Fela Kuti descrevendo uma noite que passou em Lagos no início de 1990, assistindo ao show da Egypt 80, no The Shrine.[16] O autor faz uma rica descrição do ambiente que envolve a apresentação: a atmosfera era festiva, havia uma mescla de estudantes, ativistas, rebeldes, criminosos, amantes de música, além de policiais, políticos e soldados, tentando manter-se incógnitos. No palco Fela inicia seu Yabis time, momento reservado para discutir com seu público questões relativas à vida política na Nigéria e também em outros lugares do mundo. Seguindo as descrições de Veal, podemos perceber como o músico articula seu discurso em uma narrativa que pretende convencer o ouvinte através do deboche, do riso e do escárnio. Ele inicia sua fala dizendo: "Irmãos e irmãs, se vocês querem saber o quão corrupto este país é, esta palavra "cor-

---

16 VEAL. Michael E. *Op. cit.* p. 2

Fela Kuti: contracultura e (con)tradição na música popular africana

rupção" perdeu o sentido aqui"[17] e continua sua narrativa sobre as arbitrariedades dos governantes, acusando-os de assassinos, ladrões e corruptos, citando os nomes em questão – naquele momento, a crítica era direcionada ao presidente nigeriano à época – Babangida, mas não poupou governantes anteriores como Obasanjo e representantes de multinacionais como Abiola, entendidos como "os mesmos filhos da mãe que venderam os africanos como escravos centenas de anos atrás".[18] Fela acusa-os de enterrar os africanos em uma "segunda escravidão" ao ceder aos interesses estrangeiros representados pelos nomes de Bush, nos Estados Unidos e Thatcher, na Inglaterra. Depois de discursar, Fela dá a largada para o início da primeira música a ser executada – *M.A.S.S – Music Against Second Slavery*.

O termo Yabis, em inglês pidgin, pode ser definido como uma "crítica", um "abuso". Michel Olatunji[19] afirma que a *yabis music* era muito comum em algumas sociedades africanas, como entre os Egbados, um subgrupo do que hoje denominamos como cultura iorubá. Este autor demonstra que as principais características desta música são a sátira, o uso da ironia e o deboche como forma de ataque às pessoas ou organizações que desrespeitam os parâmetros éticos de certa sociedade. Da mesma forma, Olanyian aponta que,

> Yabis time era uma perfeita cena de instrução que, liderada por Fela, a audiência podia ficar sabendo mais acerca de si mesma e sua localidade, nos contextos da nação, do continente e do mun-

---

17   *Ibid.* "Bro's and sisters, if you want to know how corrupt this country is, that word "corruption" has lost its meaning here".

18   *Ibid.* "the same motherfuckers who sold Africans into slavery hundred of years ago".

19   OLATUNJI, Michael. *Yabis:* a phenomenon in the contemporary Nigerian music. The journal of Pan African Studies, vol. 1, n° 9, agosto, 2007.

do e as relações de dominação, na história e no presente, entre essas entidades.[20]

Fela utilizava esse momento em suas apresentações para levar informações ao público e compartilhar sua visão política. Fica claro, como destaca Olanyian, o caráter pedagógico das intenções de Fela, que se coloca como um professor a conduzir a opinião pública na contracorrente.

Os discursos, ou os yabis time, são parte importante de sua performance e de sua postura política diante dos acontecimentos de sua época. A música, para Fela, tem uma função específica, que é servir como uma arma. A munição a ser utilizada é a própria cultura africana, que teria sido despedaçada pela presença do colonizador. Uma cultura abundantemente permeada pelo religioso, pelo mágico e pelo místico.

Contudo, como pensar uma música que se pretende ritualística em mundo assolado pela modernidade, onde o artista perde sua aura e a arte sua função? Como entender a obra de Fela, que se pretende aurática, quando essa aura sofreu um atrofiamento na era da reprodutibilidade técnica e do mercado fonográfico?

A música, enquanto manifestação da expressividade humana, esteve, no passado, ligada a funções de caráter ritual e místico. Em sociedades que ainda não haviam passado pelo processo de modernização acarretado pelo desenvolvimento do mercado e da tecnologia industrial, a música, assim como outras manifestações artísticas, cumpria um papel específico na lógica social. A arte possuía um valor de culto, uma função atrelada à prática cotidiana e sua criação não pretendia ser pura expressão da subjetividade, mas a materialização de algo acima do próprio indivíduo, possuindo assim valor e significado coletivo que fundamentavam

---

20 OLANYIAN, Tejumola. *Arrest the Music!* – Fela and his rebel art and politics. USA: Indiana University Press, 2004. p. 145. "Yabis time was a consummate scene of educational instruction in which, led by Fela, the audience come to know a lot about itself and its place in the contexts of the nation, the continent, and the world and the dominant relations, historical and contemporary, among those entities".

Fela Kuti: contracultura e (con)tradição na música popular africana 41

e eram substrato simbólico de práticas também coletivas. Rituais religiosos foram (e em algumas culturas ainda permanecem sendo) realizados ao som dos mais diferentes batuques, das mais sagradas ragas, e entoados pelos mais divinos cantos e, como bem explica Wisnik,[21] em todas as sociedades pré-capitalistas, a música foi vivida como uma experiência do sagrado. Este autor destaca que em grande parte dessas culturas, a origem do cosmo é o som proferido pelas divindades, e ressalva que

> Num contexto ritual e mítico como este, a música é um espelho de ressonância cósmica, que compreende todo o universo sob a dimensão – demasiado humana – da voz. O canto nutre os deuses que cantam e que dão vida ao mundo (os deuses, por sua vez, são seres mortos que vivem da proferição do canto dos homens). Mas o homem que canta profundamente, e realiza interiormente o sacrifício, acede ao mundo divino na medida em que se investe da energia plena do ser, ganhando como homem-cantor a imortalidade dos deuses cantores.[22]

Fica claro como a música se vinculava, nestas sociedades, a todo uma visão de mundo, a um ideal político, filosófico e cultural – sendo ferramenta para a manutenção do equilíbrio entre ideologia e prática social, entre espírito e matéria, mantendo o sentido de práticas fundamentadas na tradição. Neste sentido, na China tradicional, cada nota da escala pentatônica constituía um aspecto social, sendo que a "nota kong (fá) representa o príncipe; chang (sol) os ministros; kio (lá) o povo; tché (dó) os negócios e yu (ré) os objetos".[23] Assim como na sociedade, as tensões na música e na configuração da própria escala eram evitadas. A música "clássica" da Índia é composta por Ragas, que podemos compreen-

---

21 WISNIK, José Miguel. *O Som e o Sentido*: uma outra história das músicas. São Paulo: Companhia das Letras, 1989.

22 *Ibid*, p. 38.

23 *Ibid*, p. 75.

der como sequências melódicas carregadas de significado extramusical e sensorial. Cada orixá, em certas culturas africanas e afro-brasileiras, possui seus cantos específicos, assim como suas danças. E, mesmo na cultura euro-cristã pré-capitalista, o trítono – um intervalo melódico-harmônico que causa a sensação de instabilidade na música – foi demonizado e sua execução proibida para os que possuíam o coração temente a Deus durante a fervorosa Idade Média.

Com o processo de modernização pelo qual passou, num primeiro momento, o mundo ocidental, foram introduzidas novas maneiras de se conceber a arte e sua função na sociedade. A modernidade ocidental inicia-se, como aponta Marshall Berman,[24] com um turbilhão de acontecimentos, como as grandes descobertas na física e na astrologia, transformando o conhecimento acerca do universo; a industrialização da produção dos mais diversos bens materiais, tecnológicos e culturais, que criam novos espaços, destruindo os antigos; a aceleração do ritmo de vida que se ajusta às novas formas de transporte e comunicação; o surgimento de Estados nacionais burocraticamente organizados; o surgimento de um mercado capitalista que se mundializa mais a cada ano causando uma reconfiguração do poder econômico no mundo. Com a modernidade, uma nova categoria de pessoas passou a assumir o comando e juntamente com isso, inaugura-se uma nova visão de mundo. Uma visão de mundo que se pretendia "esclarecida".

A ideia de "esclarecimento" explicita um processo histórico de dominação do mundo natural empreendido pelo homem, assim como a dominação de sua própria natureza interna, na fuga da barbárie em direção à conquista da civilidade. Para pensadores que realizam uma crítica ao pensamento ocidental, tal como este foi forjado no Iluminismo, como

---

24 BERMAN, Marshall. *Tudo que é sólido desmancha no ar* – a aventura da modernidade. São Paulo: Companhia das Letras, 2007.

Theodor Adorno,[25] a busca pelo esclarecimento se dá de uma forma dialética, onde as promessas de progresso universal, autonomia do indivíduo na busca da liberdade e do conhecimento não seriam plenamente alcançadas, uma vez que esta busca teria nos levado a novas formas de barbárie e de um paradoxal autoritarismo, dotado de uma face ainda mais complexa, devido à sistematização do capitalismo e o consequente desenvolvimento de um mercado voltado para o consumo massivo. No que se refere à arte, a lógica burguesa, mercadológica e utilitária transformou seu significado social. Se, é com ascensão do pensamento burguês e o início da experiência da modernidade que surge a possibilidade do Homem-indivíduo, é este também o momento onde se inicia a libertação da arte de seus laços que a vinculavam à prática cotidiana e ritual.

Quando arte e práxis vital se separam, a primeira se consolida como uma instituição (o que pressupõe uma tradição que determine o que é e o que não é possível dentro do campo artístico, assim como toda uma história que compreende os estilos praticáveis), ganhando autonomia diante das outras esferas da sociedade, como a religião ou mesmo a política.

Walter Benjamin[26] compreende este processo como o desfalecimento do caráter aurático da arte, em um período onde a tecnologia contribui para que o valor de exposição da obra avance sobre o valor de culto que lhe era atribuído na era pré-capitalista. Este autor define aura como "uma figura singular, composta de elementos espaciais e temporais: a aparição única de uma coisa distante, por mais perto que ela esteja",[27] ou seja, a distância necessária entre o espectador ou ouvinte e o objeto artístico carregado de significado sagrado. Essa distância foi extinta com a

---

25 ADORNO, Theodor; HORKHEIMER, Max. *Dialética do Esclarecimento* – fragmentos filosóficos. Rio de Janeiro: Zahar, 1985.

26 BENJAMIN, Walter. A obra de arte na era de sua reprodutibilidade técnica. In: *Magia, técnica, arte e política*. São Paulo: Brasiliense, 1987.

27 *Ibid*, p. 170.

irresistível necessidade de, por meio da compra, possuir o objeto artístico reproduzido pela técnica e pelas tecnologias modernas.

Quando reproduzida, a obra de arte perde seu caráter de "autenticidade" e sua função social é transformada. "Em vez de fundar-se no ritual, ela passa a fundar-se em outra prática: a política". O caráter massivo que adquire a produção artística e cultural, no decorrer do século XX, com o desenvolvimento da tecnologia e das técnicas de produção e reprodução, são também significativas para a perda da "aura" e para sua incorporação à lógica e às intempéries do mercado.

Para Adorno, a música popular entendida enquanto uma mercadoria para consumo em massa é um resultado possível do caminho traçado pela sociedade ocidental, no processo de esclarecimento, em direção à barbárie. Neste caminho, o mercado intenta uma re-ritualização da arte sem emancipá-la, numa tentativa de criação de laços onde o ouvinte possa se reconhecer e se sentir representado, quando na verdade, os laços entre arte e práxis vital já haviam sido abolidos no próprio processo de modernização pelo qual passou a sociedade ocidental. Há uma nova mistificação no decorrer do processo de sistematização e consolidação da indústria de bens culturais, transformando a cultura e seus subprodutos em fetiche.[28]

O processo de modernização no continente africano aconteceu tardiamente – se comparado aos países europeus – como resultado da expansão global do capitalismo.[29] Através do estabelecimento de colônias, em finais do século XIX, os europeus criaram instituições e burocracias que forçaram, violentamente, a difusão de uma concepção de mundo ocidental. Obviamente, essa concepção não foi deliberadamente "*engolida*", mas passou por um processo dialético de assimilação, crian-

---

28   ADORNO, Theodor; HORKHEIMER, Max. *Op. cit.*

29   Ver: HARVEY, David. *O Novo Imperialismo*. São Paulo: Edições Loyola, 2003. E JAMESON, Frederic. *A cultura do dinheiro* – ensaios sobre a globalização. Petrópolis: Ed Vozes, 2002.

do todo o contexto pós-colonial que caracteriza países como a Nigéria, que lograram a independência política no século XX. Quando pensamos, portanto, em música popular africana, estamos considerando o seu caráter mercadológico, com todas as implicações que este termo acarreta, notadamente expostas por Benjamim e Adorno.

Fela busca em suas composições, de maneira paradoxal, dar função àquilo que não tem função, àquilo que na racionalidade do processo de esclarecimento – no alvorecer da modernidade ocidental – perdeu seu motivo de existir.

No documentário acerca da vida e obra de Fela Kuti intitulado "Música é a Arma"[30] uma cena, especificamente, é bastante significativa. Em certo momento de sua apresentação no The Shrine, Fela interrompe seu show. O palco esvazia-se e todas as atenções voltam-se para o pequeno altar ao lado do palco. Antes de iniciar os trabalhos rituais, Fela faz o cumprimento do Black Power em direção às suas divindades e abaixa-se tocando o chão com o corpo, sendo seguido por alguns de seus músicos. A parede atrás do altar é repleta de nomes escritos com búzios: ao lado de nomes como Malcolm X, Lumumba, Martin Luther King e Nkrumah, vislumbramos os nomes de Xangô, Ogun e Ifá. Ao final do ritual, onde era comum o sacrifício de animais, velas são acesas e o *show* retoma seu curso normal.

A partir desta descrição, podemos perceber como elementos religiosos e políticos mesclam-se na obra de Fela. A oferenda é feita não só para os orixás de devoção do músico, mas também para os ícones da luta anti imperial africana.

A religiosidade de Fela não é orgânica e seria um erro compreendê-la como tradicional, no sentido pré-moderno do termo. O *afrobeat* possui uma "utilidade", no sentido colocado por Adorno, ou seja, podemos compreendê-lo como uma crítica à perda dos vínculos extramu-

---

30 *Music Is the Weapon*. Documentário dirigido por: Jean-Jacques Flori e Stéphane Tchalgadjief. Produção: França, 1982. Lançado em 2003. Duração: 53 min.

sicais que davam, no passado, uma função social à música, como uma crítica à presença de costumes ocidentais em solo africano, assim como uma crítica à pretensa racionalidade prática do Ocidente. Esta tentativa de restaurar os vínculos entre arte e práxis vital se dá por meio do ritual que, no mais, faz referência a uma África pré-moderna *imaginada*, uma vez que seus elementos são reorganizados no presente vivido pelo músico, funcionando como um fator criador de identidade e legitimidade, onde a discussão do que era autenticamente africano era preeminente.

Esse passado pré-moderno, contudo, não é algo que possa ser restaurado. A modernidade não é um processo passível de reversão. Adorno declara que,

> O pedagogo social bem-intencionado, bem como o músico, crente de que seu assunto é um desvelamento da verdade, e não uma mera ideologia, perguntará de que modo pode fazer frente a isso. A pergunta se justifica tanto quanto sua ingenuidade. Se a função da música é efetivamente idêntica à tendência ideológica da sociedade global, então resulta inimaginável que seu espírito, assim como o espírito do poder institucional e do próprio ser humano, suporte com indulgência uma outra função pública da música.[31]

Conquanto, essa pergunta ingênua vislumbrou lapsos de possibilidade a partir da década de 60, quando a música popular alcançou espaços de maior liberdade dentro da indústria fonográfica,[32] quando a ideologia da sociedade global de consumo foi colocada em questão. A música popular, produzida com vistas ao mercado fonográfico, principalmente as obras que beberam e se inspiraram na música da vanguarda erudita,

---

31   ADORNO, Theodor. *Introdução à Sociologia da Música*. São Paulo: Ed. UNESP, 2011. p. 135.

32   FENERICK, José A; MARQUIONI, Carlos E. *SGT. Peppers Lonely Hearts Club Band*: uma colagem de sons e imagens. Fênix, *Revista de História e Estudos Culturais*. vol. 5, ano V, nº 1, jan/fev/mar de 2008.

Fela Kuti: contracultura e (con)tradição na música popular africana 47

encontrou meios de alcançar críticas contundentes e radicais à sociedade e à cultura estabelecida, ainda que incluídas nas tramas da indústria fonográfica. Aqui incluo também o jazz de vertente mais moderna, que alcançou o atonalismo, o modalismo e a crítica à música ocidental por um caminho paralelo ao empreendido pelas vanguardas eruditas do início do século XX, como o expressionismo e o dadaísmo, representada por nomes como Schoenberg e Stravinsky e que influenciou, em grande medida, a obra de Fela Kuti.

Como aponta Jorge de Almeida, debruçando-se sobre o pensamento adorniano, "(S)em qualquer resistência, a música destinada ao uso sucumbirá a seu valor de troca."[33] Entretanto, essa música poderá lograr suspiros antes de afogar-se no lamaçal mercadológico.

Religiosidade e política são a coluna vertebral da obra de Fela e permeiam todas as suas reflexões e composições. Estes dois elementos, incrementados com a ironia da *yabis music,* fazem com que a obra de Fela seja extremamente combativa e criativa, expondo as tensões que entremeavam o continente africano no período após as independências alcançadas da década de 50 em diante.

O que Fela pretendia com a politização de sua "música-ritual" era justamente reintegrar uma identidade africana que, diferentemente da noção de indivíduo ocidental, não foi forjada pela contraposição entre homem e natureza, pela separação entre corpo e mente. Essa identidade foi dilacerada pelo colonizador em um processo esplendidamente trabalhado por Chinua Achebe, em *O mundo se Despedaça.* Neste clássico da literatura nigeriana publicado originalmente em 1958, Achebe desenlaça o processo de colonização, desde os seus primeiros momentos, por meio da história de Okonkwo, um importante homem de Umuófia, uma das aldeias de Ibolândia, terra do povo ibo. Este personagem pretendia ascender em sua sociedade, em busca de um lugar de liderança, proemi-

---

33 ALMEIDA, Jorge de. *Crítica Dialética em Theodor Adorno* – música e verdade nos anos vinte. Cotia, SP: Ateliê Editorial, 2007. p. 153.

nência e prestígio, mas vê suas intenções diaceradas pela chegada do homem branco e pela inversão de todo os valores que almejava, perdendo assim o sentido de sua própria existência. Diante do turbilhão incontrolável de mudanças, Okonkwo só encontrou saída cometendo o ato mais abominável aos olhos de seu povo: o suicídio.[34]

Esse desesperador processo de "dilaceramento" da identidade do homem negro tenta ser, paradoxalmente, revertido por Fela em um mundo transformado pela expansão do sistema capitalista, e em um continente africano constituído de países que possuíam diante de si o desafio de entender-se enquanto Estados-nação modernos e abertos ao mercado globalizado, o desafio de pensar problemas específicos dentro das categorias ensinadas pelo colonizador, ou de negá-las.

A originalidade da música do Fela consiste justamente em trazer à tona essas idiossincrasias que marcam o contexto pós-colonial, em fazer a crítica ao conhecimento e visão de mundo imposto pelo homem branco e sua *racionalidade-voltada-para-os-fins*. Ao abraçar as concepções de negritude e pan-africanismo, unidas à ideia de valorização e retorno a uma África tradicional pré-colonial, Fela constrói o caráter indubitavelmente contracultural de sua obra, assim como seu caráter paradoxal, tentando conciliar ritual e mercado.

Colomentality, hear!

Colonial Mentality, assim como *Teacher Don't Teach me Nonsense*, inicia-se com o riff de contrabaixo que irá percorrer a música toda, que pode ser assim representado

---

34 ACHEBE, Chinua. *O mundo se despedaça*. São Paulo: Cia das Letras, 2009.

Este riff é acompanhado pela bateria jazzística de Tony Allen marcando um ritmo "quebrado" pela abundância de utilização dos pratos. Oito compassos são executados até que o saxofone comece a tocar a parte inicial do tema da música.

Um baque de conga marca a contagem de Fela audível na gravação: "two, three, four!" Então, entram as três guitarras, sendo que duas delas executam *riffs* idênticos em intervalos predominantemente de terça (Lá bemol-Dó), e a terceira delas executa um *riff* diferenciado, como fica demonstrado abaixo,

Assim como acontece com o contrabaixo, as guitarras desenvolvem esses *riffs* durante toda a música, causando, como na música anterior, uma sensação de estabilidade e continuidade.

O tema, desenvolvido somente em partes no início da música, é base e motivo para os diversos momentos de improvisação, momentos esses que são privilégio dos instrumentos de sopro e raramente, do piano. Entre as improvisações, o tema é desenvolvido por completo funcionando como um "refrão", ou um momento de preparação para novas improvisações.[35]

Colomentality foi lançada no disco intitulado *Sorrow, Tears and Blood*, pelo selo independente Kalakuta Records, em 1977, na Nigéria, após ter seu lançamento negado pela Decca Afrodisia, no mesmo ano. Na capa do LP, temos a foto de Fela no palco, tocando seu saxofone com a

---

35 Todas as transcrições neste primeiro capítulo foram realizadas pelo Profº. Ms. Ronaldo Alves Penteado.

perna coberta por gesso, sobre um fundo preto. Nesta capa, Fela explicita seu embate, quase cotidiano, contra as autoridades locais e a perna quebrada funciona como prova e um sinal deste fato. *Colomentality* ocupa o lado B do disco em questão.

Composta em *moderato*, um andamento um pouco mais lento que T.D.T.M.N, esta música possui métrica binária simples e pode ser compreendida como modal, uma vez que as notas predominantes no processo de composição são Fá, Sol, Lá bemol, Si bemol, Dó, Re, Mi bemol e Fá, ou seja, compondo o que, na classificação da música ocidental poderia ser designado o como "modo dórico", partindo da nota Fá.

Além de criticar, através do modalismo usado no processo de composição, uma das forças colonizadoras no continente africano – a harmonia tonal, a letra da música ataca diretamente os membros da elite nigeriana, donos de uma mentalidade entendida como "colo". Segundo Michael E. Veal, o termo "colo" era uma gíria usada entre os jovens lagosianos, que servia para designar coisas "ultrapassadas", resquícios do período colonial.[36]

Contudo, nem sempre as composições de Fela tiveram essa ênfase na crítica ao colonialismo e à forte opressão que a cultura do colonizador causou na mentalidade do homem africano. Olanyian rotula Fela como um *Apolitical Avant-pop Hustler*[37] na primeira fase de sua carreira, uma vez que o músico não se interessava pelas questões políticas de sua época, estando muito mais disposto a tentar inovações no já saturado highlife, no qual logrou introduzir elementos jazzísticos, sem obter muita atenção do público. Essa postura de desinteresse por questões sociais transforma-se somente na década de 70, após uma viagem aos Estados Unidos.

Fela Kuti viajou com sua banda de highlife jazz, então intitulada Koola Lobitos para os Estados Unidos em 1969. A intenção da viagem, em

---

36   VEAL. Michael E. *Op. cit.* p. 79.

37   OLANYIAN, Tejumola. *Op. cit.* p. 7.

Fela Kuti: contracultura e (con)tradição na música popular africana 51

um primeiro momento, era divulgar sua banda e tentar alcançar um pequeno espaço para sobrevivência no mercado fonográfico internacional. A cena musical nigeriana, que há muito era dominada pelo longevo sucesso do highlife, passou por uma mudança significativa com a chegada da soul music e do rock. Segundo Michael E. Veal, eram comuns as bandas que tinham o objetivo único de copiar os estilos de bandas como Beatles e Rolling Stones. O soul, por motivos diversos, foi um dos estilos musicais que mais obteve êxito no continente africano. Este autor destaca que

> O poder único da música de Brown na década de 60 resulta, em certo sentido, do novo modo como os elementos afro-americanos são fundidos com outros elementos advindos de lugares diferentes da diáspora africana. Especificamente, variando articulações gerais. Os padrões rítmicos da África ocidental, conhecidos na diáspora como "clave", são cruciais tanto pro funk, quanto pro afrobeat, pois fazem a ligação entre tempo inteiro e meio-tempo, que dão a estes estilos musicais muito de sua dinâmica e tensão estruturais.[38]

Além dessa reorganização de elementos presentes tanto na África quanto na diáspora, James Brown abriu o espaço para a criação de um nicho de mercado novo para o momento, que unia o discurso da negritude, presente nas lutas sociais dos negros pelos direitos civis, o ideal pan-africano e a essência da negritude, à dinamicidade da soul music.

Fela, em sua biografia autorizada, escrita por Carlos Moore, afirma que James Brown e músicos que acabaram embarcando no sucesso

---

38 *Ibid.* p. 58. Do original: "The unique power of Brown's music from the late 1960s results, in one sense, from the novel way African-American elements were fused with other elements originating elsewhere in the African diaspora. Specifically, varying articulations of the generic. West African timeline patterns that came to be known in the diaspora as "clave" are crucial to both funk and afrobeat because they provide the link between full-and half-time tempos that gives the musical styles much of their structural and dynamic tension."

deste último, como o ganense Geraldo Pino, estavam com África "no bolso".[39] Foi justamente como uma reação ao sucesso do soul que Fela – após o retorno de uma estadia de um ano sem muito sucesso em Acra, durante o ano de 1967 – reúne a imprensa e declara que sua música agora chamava-se Afrobeat.

Antes de marcar uma mudança ideológica na vida e carreira de Fela, essa transformação deixa transparecer uma tentativa de sobreviver no mercado fonográfico, aproveitando o espaço aberto pelo soul, através do discurso de identificação com a África e valorização do homem negro. Nos Estados Unidos, os experimentalismos marcam a busca por novidades que podemos vislumbrar no jazz, que irá fundir-se com o rock e posteriormente buscará inspiração em diversas culturas não americanas como a indiana ou mesmo a africana. O mesmo processo atingiu o rock dos anos 60, com suas experiências psicodélicas e transcendentais. Da mesma forma, o que era considerado "exótico" à época, também possuía abertura no maior mercado fonográfico do mundo. Neste sentido, artistas como Makeba ou Masekela, lograram muito mais sucesso que a Koola Lobitos de Fela com seu highlife jazz, que não atraía nem um pouco a atenção do público norte americano, por não conter nada marcadamente "africano".

A turnê aos Estados Unidos foi uma tentativa de adquirir novos contratos com grandes gravadoras e tentar divulgar o trabalho da banda. Esta tentativa, por motivos diversos, foi falha e a viagem, um fracasso. Todavia, foi justamente nesta atrapalhada turnê que Fela teve a oportunidade de perceber quais elementos faltavam para sua música, assim como pôde adquirir grande parte do conhecimento que seria a base para a sua filosofia e de seu discurso futuros. A mudança ideológica e o abrir de olhos para os problemas que atravessavam questões como racismo e negritude deixaram de ser uma simples artimanha mercadológica para realmente marcar uma mudança estrutural do Afrobeat, além de passar a integrar o próprio estilo de vida de Fela. É justamente devido à essa

---

39 MOORE, Carlos. *Op. cit.* p.83

transformação que composições como *Colomentality, Shuffering and Shmilling, Sorrow, Tears and Blood, I.T.T* e *Mr. Follow Follow* irão surgir. Nestas músicas, assim como outras tantas produzidas após a década de 70, Fela consegue congregar sua visão política, sua filosofia e religiosidade enquanto armas de combate à ordem vigente, na qual os negros não se viam favorecidos em momento algum. São as músicas deste período que irão consagrar a carreira de Fela.

Este "abrir de olhos" se deu, principalmente, através do encontro com Sandra Smith, uma militante do Partido dos Panteras Negras que começou, através de longas discussões e leituras compartilhadas, a corroer a mentalidade colonial que o próprio Fela possuía.

Na música que motiva nossas discussões neste momento – *Colonial Mentality* – a crítica é direcionada à elite nigeriana ocidentalizada, não muito distinta das elites em outros países africanos. O refrão, cantado pelo coro, nos diz:

> He be say you be colonial man
> You don be slave man before
> Them don release you now
> But you never release yourself [40]

Apontando para a necessidade de libertação da mente africana dos traços de submissão que continuavam a ecoar mesmo após o fim da escravidão, Fela passa a criticar a atitude do homem que possui a "colomentality", o coro feminino sempre responde às acusações do músico com a frase "He be so"!

> He be so !
> He be so them dey do, them dey overdo
> All the things them dey do *(coro: He be so!)*

---

40   Em tradução livre: Você já foi um homem colonial/ Você já foi um escravo antes/ Mas é livre agora/ Mas você nunca libertou a si próprio.

> He be so them dey do, them think dey say
> Them better pass them brothers
> No be so? (*coro: He be so!*)
> The thing wey black no good
> Na foreign things them dey like
> No be so? (*coro: He be so!*)
> Them go turn air condition
> And close them country away
> No be so? (*coro: He be so!*)
> Them Judge him go put white wig
> And jail him brothers away
> No be so? (*coro: He be so!*)
> Them go proud of them name
> And put them slave name for head
> No be so? (*coro: He be so!*)[41]

A música continua com um pedido: Colo-mentality now make you hear me now!![42] E Fela estende o pedido citando nomes de famílias tradicionais na elite africana colonizada, inclusive o nome de sua própria família, recebido de um missionário britânico – Ransome:

> Mr. Ransome you make you hear
> Mr. Williams you make you hear
> Mr. Allia you make you hear

---

41 As traduções de Colonail Mentality foram realizadas pelo Profº Anthony Adékòyá: É assim!/É assim que eles fazem, eles abusam/Tudo o que eles fazem/É assim que eles fazem, e é assim que eles pensam e dizem/Eles acham que são melhores que seus irmãos/Eles acham que tudo que o negro faz não é bom/Só gostam de coisas estrangeiras/Eles vão ligar o ar condicionado/ E deixar seu país de lado/ Não é assim? É assim! Os juízes irão colocar a peruca branca/E vão sentenciar seus irmãos/Eles se orgulham dos nomes coloniais/E colocam seus nomes de escravos na cabeça/ Não é assim? É assim!

42 Você, que possui mentalidade colonial, escute-me agora!

> Mr. Mohammed you make you hear
> Mr. Anglican you make you hear
> Mr. Bishop you make you hear
> Mr. Catholic you make you hear
> Mr. Muslim you make you hear
> Na Africa we dey o make you hear
> Na Africa we dey o make you hear
> Colo-mentality hear
> Colo-mentality hear[43]

Nesta parte, cada frase é respondida pelo coro cantando a palavra "Colomentality", que se alonga após o término da letra e o início do solo de piano.

Como a letra deixa claro, Fela critica o fato de a elite sempre preferir produtos estrangeiros em detrimento dos produzidos na África, além do desprezo pela cultura e pela realidade africana, representada pela frase: Them go turn air condition / And close them country away (Eles vão ligar o ar-condicionado e deixar o país de lado). Esta crítica surgiu, em princípio, de uma autocrítica realizada quando Fela passou a conhecer mais sobre a história africana, enquanto ainda se encontrava em solo americano. Em sua biografia, o músico deixa transparecer o quanto ficou deslumbrado quando chegou aos Estados Unidos:

> Nova Iorque! Nova Iorque! Prédios subindo, subindo, subindo, alto assim! Pata-pata-pata-pata! Arranha-céus! Aaaaaaaaah! Hoje eu diria: "Subir tão alto? Para *arranhar* o quê? Que bobagem, né!? Por que não arranhar até sumir com a pobreza dessa terra que a gente tá pisando?!... Por que não varrer as ruas sujas do Harlem e de Mushin?!" Mas na época fiquei impressionado, cara. Falei pra

---

43 Mr. Ransome, vou fazê-lo escutar. As frases que se seguem são iguais, modificando-se somente o nome da família.

mim mesmo: 'Caralho! Olha essa merda desses prédios enormes! Os africanos não são de nada! São uns selvagens, cara! Quando foi que os negros construíram coisas tão grandes como essas?[44]

Essa mudança presente no pensamento de Fela – de uma "colomentality" para a consciência de sua negritude – foi possível graças ao contato direto com as lutas dos negros americanos contra a opressão sofrida pelas mãos das autoridades brancas, e pelos diversos escritos que fundamentavam essas lutas, de Aimé Cesaire à Du Bois. Após a década de 70, com seu retorno à Nigéria, depois de fracassada a turnê nos Estados Unidos, Fela passa a repensar sua forma e compor as músicas e sua forma de pensar a África.

Esse processo de redescoberta em direção à valorização da cultura negra como arma política é descrito por Kabengele Munanga como sendo resultado de uma tentativa fracassada de "embranquecimento", partindo primeiramente do processo de assimilação da cultura branca, do domínio de seus cânones, seus ditames e sua lógica. Contudo, esse intuito de assimilação chega a um impasse quando a vida em sociedade não foi igualitariamente organizada, no que se refere à questão racial. Oportunidades de ascensão social não foram equitativamente abertas para brancos e negros, o apartheid foi uma realidade em diversos países, com ou sem aval jurídico e burocrático. Assim, o negro percebeu que "o caminho de desumanização escolhido pelo colonizador não poderia integrá-lo".[45]

A postura de combate à cultura ocidental e valorização da cultura africana, portanto, é uma das respostas possíveis a essa desumanização do homem negro empreendida pelo colonizador. É esse o intuito de movimentos como o Black Power, da poesia negra francesa em meados do século XX e da Renascença do Harlem, no início do mesmo século.

---

44 MOORE, Carlos. *Op. cit.* p. 90. Grifo do autor.

45 MUNANGA, Kabengele. *Negritude*: usos e sentidos. São Paulo: Editora Ática, 1986, p. 31.

A referência clara ao movimento negro, a partir destas transformações ideológicas e estilísticas, dá autoridade às palavras de Fela que tenta filiar-se o tempo todo à linha de pensamento seguida por líderes pan-africanos e pelos autores da *negritude*. Desta forma, cabe aqui pensarmos um pouco mais sobre esses termos e seus significados.

Mário Pinto de Andrade nos dá um breve vislumbre das ideias que dão base ao pensamento pan-africanista que surgiu nos Estados Unidos, em paralelo ao projeto de abolição da escravatura. Este autor aponta dois arquétipos de "libertadores do Homem Negro", nas figuras de Du Bois e Marcus Garvey, e também dois divergentes (e por ora, conflitantes) projetos de orientação do processo de autonomia que deveria ser buscado pela raça negra. Para Du Bois, líder pan-africanista, historiador, sociólogo, fundador da revista *Crisis* e um dos maiores expoentes da Renascença do Harlem, a África simbolizava um fator de união do pensamento e ideais do povo negro, que teria sua História e suas vivências pautadas em uma acentuada experiência espiritual. Du Bois advogava a ideia de um nacionalismo negro que não desconsidera diferenças de classe. Esse "homem negro" que, diasporicamente, ocupou todas as partes do mundo, deveria se compreender como membro de uma nação que, no sentido pleno do termo, compartilha um passado, um imaginário, ou seja, uma história em comum com os outros filhos d'África. Essa herança cultural, segundo Du Bois, deveria ser valorizada e resguardada.

Diferentemente de Du Bois, Marcus Garvey, proeminente ativista nascido na Jamaica que encontrou também no Harlem reduto para a expansão de seu pan-negrismo radical, acreditava que o desenvolvimento industrial iria trazer o progresso da raça negra. Com o intuito de acelerar e prover este progresso, Garvey criou a companhia marítima *Black Star Line* e a UNIA (Universal Negro Improvement Association), que funcionava como

> o principal veículo de propaganda e organização dos ideais de uma cultura própria, confraternização entre raças e humanitaris-

mo liberal. Tinha como objetivo essencial realizar uma "cultura civilizada de alto nível".[46]

Como nos deixa transparecer este excerto da obra de Mário Pinto de Andrade, Garvey procurava promover o orgulho da raça negra encontrando-se, todavia, embebido do paradigma de civilização ocidental e da lógica imperial. O discurso de Garvey transmuta-se de um caráter econômico para um caráter mais político, que paulatinamente adquire ares patrióticos, defendendo o dogma da pureza racial, que tenta ser o discurso legitimador da UNIA.

Como sugere Mário Pinto de Andrade,

> No confronto entre Du Bois e Garvey perfilam-se não só duas personalidades diferentes mas, fundamentalmente, dois projetos divergentes de orientação do processo de autonomia da raça negra. Seríamos tentados a situar o fulcro do antagonismo na questão racial; parece ser o papel e o lugar dos negros no seu devir emancipador – independência absoluta em relação ao poder branco ou, pelo contrário, conciliação e conjugação de esforços, que separa Du Bois de Garvey.[47]

Dentre os dois pensadores e as duas visões do processo de autonomia da raça negra, a visão de Garvey parece ter sido melhor aceita enquanto prática política na África, nas primeiras décadas do século XX. Contudo, é clara a influência de Du Bois nos Congressos Pan-Africanos, onde tiveram presença líderes negros de diversas partes do mundo e, principalmente no V Congresso realizado em Manchester em 1945, foi maioritária a presença de líderes dos países africanos em processos de luta por independência. A influência do pensamento pan-africano na

---

46 ANDRADE, Mário Pinto de. *Origens do Nacionalismo Africano* – continuidade e ruptura nos movimentos unitários emergentes da luta contra dominação colonial portuguesa: 1911 – 1961. Lisboa: Dom Quixote, 1997, p. 163.

47 *Ibid.* p. 166

África foi maior nos países onde o inglês era a língua administrativa, tendo logrado menor influência em outras regiões. Isso se dá, principalmente, pelo eixo de difusão de ideias entre Estados Unidos, Europa e África, pelas malhas imperiais que uniram essas regiões que falavam o inglês, entre tantas outras línguas. O pan-africanismo, em essência, foi um movimento político, artístico, cultural e ideológico pautado na noção de "raça" onde,

> a categoria genérica "raça" responde à busca de um *ethos* comum, incorporador de todos os africanos e seus descendentes e, portanto, capaz de reuni-los numa comunidade ligada por uma união de sentimento e de destino, fundada na consciência comum de sua condição de africanos oprimidos em oposição aos seus opressores, dirigentes coloniais e brancos.[48]

Essa definição de pan-africanismo é coincidente com a própria ideia de negritude, termo que surgiu, pela primeira vez na poesia negra francesa de autores e posteriormente líderes políticos como o martinicano Aimé Cesaire e os senegaleses Léopold Senghor e Cheikh Anta Diop. Estes autores, entre outros, reuniram-se em torno de revistas como a *Présence Africaine* e a *Tropiques,* nas quais divulgavam suas concepções políticas e suas poesias. A poesia é, com certeza, a grande marca da negritude francófona.

Fela Kuti faz uma releitura muito característica, no decorrer de sua carreira, das questões que transpassam o conceito de negritude e pan-africanismo. A referência a esses movimentos não é, obviamente, tomada inocentemente, configurando-se uma busca por uma identidade, por espaço político, por espaços no mercado fonográfico e por um projeto de mudanças na Nigéria pós-colonial.

---

48 HERNANDEZ, Leila Leite. *Op. cit.* p. 138

Kabengele Munanga,[49] pensando a situação do homem colonizado, aponta que a negritude e seu predecessor, o pan-africanismo, nascem da própria situação colonial a que o negro se viu enredado. A colonização e a exploração do trabalho de escravizados tiveram como justificativa todo um arsenal de ideologias justificadas na história, na religião e na ciência, repetidas como um eco nas artes e na vida social. É conhecido o discurso histórico da *missão civilizadora*, onde o branco deveria levar o progresso técnico e econômico às sociedades que se encontravam em níveis de desenvolvimento considerados como inferiores. Os negros deveriam, pelas mãos dos brancos, sair da condição de "selvagens" e chegar ao estágio da "civilização". Daí, podemos começar a antever a alegoria de uma pretensa superioridade do branco em relação ao negro.

A explicação de cunho religioso para a superioridade do branco e a consequente exploração e inferiorização do negro se dá por meio do mito camítico. Segundo interpretações medievais dos textos bíblicos, os africanos negros seriam todos descendentes de Cam, um dos filhos de Noé, que teria sido amaldiçoado pelo pai por rir deste, quando este se encontrava nu e embriagado. Segundo Munanga "na simbologia de cores da civilização europeia, a cor preta representa uma mancha moral e física, a morte e a corrupção, enquanto a branca remete à vida e à pureza.[50] Essa mancha moral só seria apagada e salva através da escravidão.

O discurso pseudocientífico de Charles Lineu,[51] por sua vez, buscou compreender a sociedade como análoga à natureza. Da mesma maneira como classificou inúmeros elementos da biosfera, procurou classificar os elementos sociais, elaborando cinco variedades para o Homo Sapiens, sendo elas: a) o Homem Selvagem; b) o Americano; c) o Europeu; d) o Asiático e e) o Africano. Vale ressaltar que neste sistema classificatório, que ganhou grande reconhecimento científico no século

---

49 MUNANGA, Kabengele. *Op. cit.*

50 *Ibid.* p. 15.

51 HERNANDEZ, *Op. cit.* p.19

XVIII, o Africano é compreendido como "negro, fleumático, relaxado. Cabelos negros, crespos; pele acetinada; nariz achatado, lábios túmidos, engenhoso, indolente, negligente. Unta-se com gordura. Governado pelo capricho". O Europeu possui uma avaliação bem distinta: "Claro, sanguíneo, musculoso; cabelo louro, castanho, ondulado; olhos azuis; delicado perspicaz, inventivo. Coberto por vestes justas. Governado por leis. " Além de Lineu, outros tantos autores e obras compõem o acervo que forneceram a base ideológica e naturalizaram, em certo momento da História humana, a exploração dos negros.

Diante de tantos ataques, não é de se admirar que muitos negros tenham intentado um embranquecimento, tanto no sentido figurativo – como o ato de assumir atitudes e visões de mundo ocidentalizadas, quanto no sentido literal do termo. Eram comuns cremes cosméticos que faziam com que a pele se tornasse mais clara com o uso prolongado. Fela cita e critica este fato na composição intitulada "Yellow Fever", onde compara o embranquecimento de pele a doenças como a malária, a gripe ou a febre amarela.

É importante lembrar que os sistemas coloniais – focando aqui na colonização empreendida em fins do século XIX – prezaram pela evangelização e catequização dos povos dominados, além do processo de educação dos nativos. Este fato contribuiu enormemente para a transmissão de valores culturais europeus, aos que tiveram acesso à educação ocidental, em detrimento dos valores "tradicionais" anteriormente praticados, considerados pelos colonizadores como selvagens e retrógrados.

O Continente Africano, de forma geral, teve sua ocupação e exploração sistematizadas em meados do século XIX. Toda a lógica colonial pautava sua legitimidade e equilibrava sua parca coerência em um volume de conhecimentos produzidos acerca da África, intitulado por Said[52] como "africanismos" e, como esclarece Hannah Arendt,[53] a ideia de

---

52 SAID, Edward. *Cultura e Imperialismo*. São Paulo: Companhia das Letras, 2011.

53 ARENDT, Hannah. *Origens do Totalitarismo*. São Paulo: Companhia das Letras, 1989.

expansão imperialista pautava-se justamente no racismo, com sua afirmação da existência de raças inferiores e superiores, usada como uma cola que unia polos conflitantes como nacionalismo (a ideia de um passado, um território e uma língua comuns) e imperialismo (a expansão de uma nação para um território distante que não possui com ela uma história, ou cultura compartilhada) na consciência do homem europeu.

Edward Said sinaliza para o caráter ideológico dos "africanismos", componente que, de certa maneira, ajudam a construir a plausibilidade da expansão capitalista por sua via espoliatória e ressalta que,

> Nem o imperialismo, nem o colonialismo é um simples ato de acumulação e aquisição. Ambos são sustentados e talvez impelidos por potentes formações ideológicas que incluem a noção de que certos territórios e povos *precisam* e imploram pela dominação, bem como formas de conhecimento filiadas à dominação: o vocabulário da cultura imperial oitocentista clássico está repleto de palavras e conceitos como 'raças servis' ou 'inferiores', 'povos subordinados', 'dependência', 'expansão' e 'autoridade'.[54]

Segundo Godfrey N. Uzoigwe,[55] a melhor maneira de compreendermos este momento histórico é através da "Teoria da Dimensão Africana", na qual destaca-se os fatores internos africanos assim como os fatores externos, relativos à conjuntura europeia, durante os anos finais do século XIX. Diante dessa teoria, cabe destacar que a Conferência de Berlim e a partilha do Continente são consequências diretas do relacionamento entre África e Europa que já existiam trezentos anos antes das políticas imperialistas para o continente. Essa perspectiva leva-nos a compreender o processo de dominação do continente, pautado e facilitado principalmente por quatro pontos: 1) o volume de conhecimentos produzidos pela Europa acerca da geografia, política, economia e história

---

54 SAID, Edward. *Op. cit.* p. 43.

55 UZOIGWE, Godfrey. *Op. cit.*

das sociedades africanas; 2) avanços no campo da medicina e da ciência ocidentais que fizeram com que os europeus diminuíssem seus temores com relação à África; 3) superioridade econômica alcançado pela Europa através dos processos de industrialização 4) o período de crises e conflitos internos pelo qual passava a África em finais do século XIX.

Segundo Raymond F. Betts,[56] a experiência colonial for marcada por um sentimento paternalista, sendo os autóctones sempre vistos como "crianças grandes" e "não adultos" carentes de tutores que os conduzissem à modernização e à civilização. Foram diversas as estruturas de administração colonial, mas na maioria delas – inclusive no caso inglês – priorizou-se a administração indireta, ideia defendida por Lord Lugard, na qual pressupunha-se a utilização e incorporação das autoridades locais pré-coloniais como agentes dos governos metropolitanos. O período entre-guerras é marcado pela burocratização que dará uma certa estabilidade ao sistema, conseguida principalmente com o uso da força militar para conter as revoltas e insatisfações dos autóctones. Esse processo de burocratização impactou grandemente o cotidiano das populações africanas, já que foram introduzidas uma série de mudanças como a tributação – com seus cobradores de impostos, o recrutamento de agentes administrativos que recebiam formação ocidental, além de recrutadores de mão-de-obra, muitas das vezes forçada e sem remuneração, para os serviços públicos, que variavam entre construção de estradas, ferrovias e instalação de linhas telegráficas.

Este método de burocratização dos empreendimentos coloniais forneceu, de certa forma, os alicerces para o próprio processo de independência, pois deu origem a uma elite colonial formada por africanos educados sob os parâmetros ocidentais, além de forjar nacionalismos, que irão exercer um papel importante nestas sociedades em seu caráter pós-colonial. É justamente esta elite o alvo das críticas de Fela, como vimos acima, com a música *Colonial Mentality*. Para ele, esta elite é o

---

56 BETTS, Raymond F. *Op. cit.*

arquétipo do processo de ataque à identidade negra, pois permanece cega no que se refere às relações desiguais entre brancos e negros. Sem perceber sua desumanização, esta elite propaga os ideais da civilização que a oprime. Uma das melhores representações para esta ideia de Fela, é a capa do LP Gentleman, lançado pela EMI, na Nigéria, em 1975. Nesta capa, o homem da elite africana é representado como um macaco, vestindo terno e gravata. Para Fela, é exatamente assim que os brancos viam estes africanos ocidentalizados.

CD. Fela Anikulapo-Kuti and Afrika 70. Gentleman. Universal/Wrasse Records, 1997.

Animalizado,[57] só resta a este homem resignar-se ou lutar contra o ataque e contra a destruição de sua identidade e o decurso da desumanização empreendido pelo sistema colonial.

---

57 A imagem reproduzida acima é a capa do CD lançada pela Universal, nos EUA e pela Wrasse Records no Reino Unido, no ano de 1997. Neste CD foram relan-

Este processo de dilaceramento da identidade é um dos focos da atenção de Frantz Fanon, em seu livro *"Pele Negra, Máscaras Brancas"*. Para este autor, todo a elaboração do esquema corporal do negro, sua maneira de estar no mundo foi atingida pelo vocábulo da dominação, atacado e assim transformado em um esquema epidérmico racial, onde todos os aspectos sociais passam pelo crivo da raça.

> Aos olhos do branco, o negro não tem resistência ontológica. De um dia para o outro, os pretos tiveram de se situar diante de dois sistemas de referência. Sua metafísica ou, menos pretensiosamente, seus costumes e instâncias de referência foram abolidos porque estavam em contradição com uma civilização que não conheciam e que lhes foi imposta.[58]

Como vimos, Fela escolhe lutar contra a cultura imposta do colonizador, valorizando uma identidade negra imaginada, frente aos desafios lançados pelo contexto pós-colonial, no qual cidades como Lagos, capital nigeriana no período em questão, mostra-se tão complexa quanto a "Eleone Deone"[59] retratada por Salman Rushdie em seu livro *Os versos Satânicos*. Cidades que aqui podem ser entendidas como diferentes, mas jamais binariamente opostas.

Por ser um importante centro comercial onde pessoas, produtos e ideias circulavam com desenvoltura, Lagos converteu-se na maior cidade nigeriana, a mais urbanizada, um centro político e econômico. Após a independência conquistada totalmente em 1960, esta cidade tornou-se a capital cosmopolita da nova nação a ser construída. Como toda gran-

---

çadas as músicas dos discos de mesmo nome, juntamente com as músicas do LP *Confusion*, de 1975, lançado pela EMI, na Nigéria.

58 FANON, Frantz. *Pele negra, Máscaras Brancas;* trad. Renato da Silveira. Salvador: EDUFBA, 2008, p. 104

59 L.o.n.d.o.n – Londres. RUSHDIE, Salman. *Os versos Satânicos.* São Paulo: Companhia das Letras, 2008.

de metrópole, Lagos reunia as mazelas e qualidades de uma cidade pós--colonial: trânsito mal organizado, favelas, excedente populacional e uma distância abissal entre ricos, pobres e remediados, além de uma imensa diversidade cultural e uma cena musical pulsante, composta por estilos como a *fuji music* – marcada pela referência aos padrões musicais islâmicos (cantos corânicos e melismáticos), a *juju music* – surgida do encontro entre hinos católicos e percussão nativa e o *highlife* ganenese – estilo musical que alcançou grande sucesso entre o público da África ocidental.

É justamente nesta cidade que Fela irá viver ao retornar de seus estudos na *Trinity Unversity* em Londres no ano de 1963. O ambiente citadino, metropolitano e absolutamente caótico será fonte ininterrupta de inspiração para suas canções.

Lagos, com todas as suas contradições, é fruto do encontro entre estrangeiros – num primeiro momento o traficante de escravizados português, o comerciante de outras regiões do continente – e as diversas populações que se desenvolveram naquela região e na Nigéria de maneira geral. Aquela região específica do oeste africano, posteriormente denominada pelos ingleses de Nigéria, possui uma instigante diversidade étnica, sendo povoada ao norte pelos kanuri e fulani, povos haussás fortemente influenciados pelo islamismo que atravessou o Saara até aquela região. No centro do país, temos a presença de povos nupe, igal, tiv e idoma. Já o sul é marcado por uma forte presença cristã – resultado do contato com europeus desde o século XV, através do Oceano Atlântico – onde encontramos os iorubás, igbos, ibibio, efik e edo, sendo os iorubás e igbos os mais significativamente numerosos. Além dessa diversidade étnica que, como era de se esperar, se fundamenta em antigas trocas culturais, temos a partir do século XV a presença do mercador europeu – principalmente dos traficantes de escravizados portugueses que transportavam almas para o trabalho forçado nas lavouras do Novo Mundo.[60]

---

60 VEAL. Michael E. *Op. cit.*, p.25.

Ademais, a descoberta de petróleo em solo nigeriano, na década de 70, fez com que a migração para os centros urbanos fosse massiva, causada pelo impacto negativo nas atividades agrícolas. O *oil boom*[61] aprofundou as diferenças já assombrosas entre ricos e pobres, congregando em um único local – a cidade de Lagos– as questões que transparecem em uma situação *pós-colonial*, termo empregado aqui como paradigma teórico e pano de fundo para o olhar lançado ao nosso objeto de pesquisa.

Por pós-colonial entendemos, lançando mão das reflexões de Stuart Hall, uma forma específica de compreender o processo de colonização, considerando-o parte fundamental de um processo global de expansão capitalista, em seu caráter transnacional e transcultural, pretendendo superar binarismos como colonizador *versus* colonizado, branco *versus* preto, que não são suficientes para compreender os deslocamentos e fragmentações identitárias que marcam as sociedades desde a década de 60 do século XX.

Sobre o termo, Hall aponta que "o que o conceito pode nos ajudar a fazer é descrever ou caracterizar a mudança nas relações globais, que marca a transição (necessariamente irregular) da era dos Impérios para o momento da pós-independência o da pós-descolonização".[62]

O termo não pretende unicamente, portanto, marcar cronologicamente o fim do período imperialista, mas também trazer à tona uma questão epistemológica, a questão de como marcar a *differance* (termo utilizado por Stuart Hall, pego de empréstimo de Derrida) das relações forjadas na nova conjuntura do fim do colonialismo, de uma nova fase da globalização.

---

61   Ver mais em OLANYIAN, Tejumola. *Op. cit.*, e VEAL, Michael E. *Op. cit.*

62   HALL, Stuart. *Da Diáspora*: identidades e mediações culturais. Belo Horizonte: UFMG, 2003, p. 107.

Desta forma os ecos dos "efeitos secundários"[63] na vida dos nigerianos após a conquista da independência não desapareceram de forma automática e são também resultados das lutas pelo fim da dominação política, econômica e cultural que caracterizaram o período colonial e, posteriormente, imperial.

A música popular nigeriana (incluindo aqui, logicamente, o *afrobeat* de Fela Kuti) é, essencialmente pós-colonial, pois não seria possível sem toda a tecnologia e o suporte técnico desenvolvidos no Ocidente, não seria possível sem o constante movimento de trocas culturais que fizeram com que novas concepções culturais fossem trazidas por marinheiros, soldados e mercadores. Não seria possível sem a própria ideia de mercado, no qual a música é, também, produzida para o consumo e para o entretenimento, obedecendo à lógica de produção capitalista, necessitando ser politizada para que encontre seus próprios ecos de liberdade relativa diante das intempéries do mercado.

---

63 *Ibid.* p. 110. Hall, no artigo "Quando foi o pós-colonial? Pensando no limite", chama de "efeitos secundários" os ecos ou as consequências das atitudes imperialistas que são sentidas tanto nas ex-colônias e esferas de influência, quanto nas antigas metrópoles, mesmo após os processos de descolonização.

2
I.T.T – INTERNATIONAL THIEF THIEF!
AFROBEAT, CONTRACULTURA E GLOBALIZAÇÃO

Laços entre globalização, racismo e imperialismo

Uma pequena montanha feita de aparelhos de rádio à pilha queima sob o sol em uma comunidade tradicional de Burkina Faso, chamada Djerrisso. Ao fundo, mulheres se rebelam contra a tradição de mutilação vaginal que levava à morte diversas meninas que, quando conseguiam sobreviver ao corte e às infecções, estavam fadadas à dolorosas experiências sexuais e de maternidade. A frase de ordem era: "Nenhuma mulher será cortada!", proferida diante de um Conselho deliberativo formato exclusivamente por homens.

O que nos leva a refletir sobre a potência expressiva desta cena de Moolaadé,[1] filme do senegalês Ousmane Sembène lançado em 2004, é justamente o papel que a tecnologia – neste caso o rádio à pilha – teve como faísca propulsora de mudanças estruturais em sociedades onde costumes foram sedimentados com o passar de tempos longínquos. O filme traz, nas entrelinhas, o Fato Colonial – o jovem formado na França

---

1 *Moolaadé*. Filme dirigido por: Ousmane Sembène. Produção: Senegal/França/Burkina Faso/Camarões/Marrocos/Tunísia, 2004. Duração: 2 horas.

que pretende casar-se com uma Bilakoro,[2] a presença do comerciante que vendia desde as preciosas pilhas, até roupas e lâminas de barbear. Na África pós-colonial, ao mesmo tempo que em cidades como Dakar ocorriam exposições de arte contemporânea, em outras localidades meninas eram submetidas à mutilação genital. O Moolaadé é, de maneira paradoxal, o feitiço que deu proteção às meninas que fugiram do ritual de incisão. O Moolaadé é uma tradição que dialeticamente impulsiona a quebra de outra tradição.

Diante do medo de que as mulheres se rebelassem – o que de fato ocorre na narrativa de Sembène – os homens decidem destruir o que eles consideravam o verdadeiro motivo da audácia feminina: o rádio, um portador de informações, de notícias e um meio de entretenimento. Diante dos rádios incendiando uma delas pergunta à amiga: "Sanata, já que andas muito com os homens, sabe porque nos tiraram os rádios? ", ao que recebe uma resposta categórica: "Os nossos homens querem controlar nossas mentes".

O argumento norteador deste capítulo é que a globalização – em sua faceta econômica, política, tecnológica e cultural – é um dos fenômenos que têm origem na expansão do capitalismo tardio. Esta expansão se concretiza no que denominamos como Imperialismo, que é permeado por ideologias racistas. Desta forma, a globalização enquanto fenômeno que coloca diversas partes do mundo em contato (forçado ou não), carrega e pode reforçar as desigualdades do mundo capitalista (sociais, étnico raciais, de classe e gênero), assim como forçar a construção de identidades múltiplas pautadas em um novo tipo de relação com o Outro, que sejam alentos de resistência frente a processos rápidos de deslocamentos identitários. Essas são as bases históricas nas quais o Continente Africano foi arrastado para o fluxo contínuo de modernizações, desdobrando-se no que chamamos de pós-colonialismo.

---

2   Bilakoro é a mulher não purificada, que não havia passado pelo ritual de mutilação genital.

Fela Kuti: contracultura e (con)tradição na música popular africana   71

Hollywood, calça jeans, comida japonesa, *fast food*, cinema iraniano, imigração em massa. Estes são somente alguns termos – e temas – com seus diferentes níveis de complexidade, que podemos evocar quando pensamos na palavra *globalização*.

Cheia de ambiguidades, esta palavra parece não fazer muito sentido quando consideramos que história da humanidade é – também – a história das trocas humanas, das guerras e dos grandes deslocamentos populacionais. Então, o que esse conceito pode trazer de novo? Em quais aspectos este conceito pode nos ajudar a compreender nosso objeto de estudo?

Como aponta Ulrich Beck, é necessário diferenciar e relacionar termos como globalidade e globalização. Globalidade significa que *"já vivemos há tempos em uma sociedade mundial,* ao menos no sentido de que a ideia de espaços isolados se tornou fictícia", ou seja, encontros e entrechoques culturais, econômicos e políticos sempre foram evidentes e deram origem a ideia de uma "sociedade mundial" que, entretanto, designa uma "diversidade sem unidade". O termo indica situações em que os Estados Nacionais são atravessados por formas transnacionais de intervenção, como por exemplo a questão da utilização do poder atômico, os problemas ecológicos, as migrações em massa, a questão da xenofobia, concorrência no mercado de trabalho e toda uma forma de produção transnacional.[3]

Já o termo Globalização designa justamente os *processos* em andamento nos quais os Estados Nacionais estabelecidos no surgimento da modernidade europeia "veem a sua soberania, sua identidade, suas redes de comunicação, suas chances de poder e suas orientações sofrerem a interferência cruzada de atores transnacionais". Como aponta Beck, estes processos são caracterizados pela irreversibilidade, pelos oito motivos que se seguem:

> 1. Ampliação geográfica e crescente interação do comércio internacional, a conexão global dos mercados financeiros e o

---

3   BECK, Ulrich. *O que é Globalização?* Equívocos do globalismo, respostas à globalização. São Paulo: Paz e Terra, 1999, p. 29

crescimento do poder das companhias transnacionais. 2. A ininterrupta revolução dos meios tecnológicos de informação e comunicação. 3. A *exigência*, universalmente imposta, por direitos humanos – ou seja, o princípio (do discurso) democrático. 4. As correntes icônicas da indústria cultural global. 5. A política mundial pós-internacional e policêntrica – em poder e número – fazem par aos governos uma quantidade cada vez maior de atores transnacionais (companhias, organizações não-governamentais, uniões nacionais). 6. A questão da pobreza mundial. 7. A destruição ambiental mundial. 8. Conflitos transculturais localizados.[4]

Estes motivos apontam as diversas facetas que o processo de globalização pode apresentar, ultrapassando fronteiras e colocando questões para além do Estado Nação na ordem do dia. Entretanto, como esse processo causou impacto no então chamado "Terceiro Mundo" ou, mais especificamente, no continente africano?

O surgimento de espaços transnacionais – como a própria ideia de "África", que se transmuta de uma grandeza geograficamente localizável para um conceito – só é possível *em relação*. Essa África enquanto "comunidade imaginada", como bem coloca Benedict Anderson,[5] teve um papel fundamental na formulação do pan-africanismo, da negritude e de todos os movimentos, dentro e fora do continente africano, que intentaram uma reformulação positiva da questão que colocamos logo na introdução deste trabalho, ou seja, a questão do que é ser africano? Ou melhor – quando África é ligada a questões relacionadas à raça e ao racismo, a questão (transnacional) torna-se: "o que é ser negro?"

Neste sentido, Beck aponta que a África representada nos guetos londrinos, nas favelas brasileiras, nas ruas do Harlem e até mesmo, eu diria, nas ruas de Lagos, não pode ser encontrada em algum local específi-

---

4   *Ibid*, p. 31.

5   ANDERSON, Benedict: *Comunidades Imaginadas*. São Paulo. Companhia das Letras, 2008.

Fela Kuti: contracultura e (con)tradição na música popular africana   73

co no continente africano sendo, na verdade, o resultado de um processo de construções de identidades no continente e na diáspora. "Mas isso só torna mais premente a questão: o que é e onde está a África no espaço social transnacional"?[6]

Para que possamos compreender e, senão responder, pelo menos formular uma hipótese que clareie a pergunta acima – colocada por Ulrich Beck – cabe apontarmos os termos nos quais a África (enquanto grandeza geográfica) foi colocada em contato com os processos da globalização, tendo em vista os oito pontos apresentados acima. Cabe ainda apontar como estes termos acabaram por reforçar a ideia de uma África-conceito na obra de Fela Kuti.

É impossível compreendermos o fenômeno da globalização sem o incluirmos como parte resultante do Imperialismo do século XIX.

"Uma das realizações do imperialismo foi aproximar o mundo (...)",[7] nos diz Edward Said, sem desconsiderar – é claro – o fato de que essa aproximação de territórios geograficamente distantes não se deu sem sua dose característica de violência permeada por relações desiguais de poder. É inegável o fato de que o imperialismo e o fenômeno da globalização estão intrinsecamente ligados e que é justamente pela ação de países imperialistas que algumas partes do mundo foram empurradas para a modernidade, para a modernização, para o jogo do capitalismo em nível global.

Para Hannah Arendt o Imperialismo concentra-se nas três décadas que vão de 1884 a 1914, que marcam o fim do século XIX – com a partilha da África –, e o início do século XX – com a Primeira Guerra Mundial –[8] e desenvolve-se por uma necessidade primordialmente econômica. A expansão refletiria a necessidade de crescimento industrial – de mercados consumidores e expansão da produção.

---

6   BECK, Ulrich. *Op. cit.*, p. 61.

7   SAID, Edward. *Op. cit.*, p. 24

8   ARENDT, Hannah. *Op. cit.*, p.153

A expansão imperialista havia sido deflagrada por um tipo curioso de crise econômica: a superprodução de capital e o surgimento do dinheiro "supérfluo", causado por excesso de poupança, que já não podia ser produtivamente investido dentro das fronteiras nacionais.[9]

A classe então detentora da produção capitalista, a burguesia, forçou os Estados Nacionais a tomar a expansão como política externa, identificando interesses de grupos sociais detentores do poder econômico a interesses nacionais, exportando o poder do Estado e seus instrumentos de coerção social, como a polícia e o exército, transformando-os em representantes nacionais em países distantes, deflagrando ou não a criação de colônias e sistemas administrativos coloniais. Sintetizando, imperialismo é um termo utilizado, como aponta Edward Said, para "designar a prática, a teoria e as atitudes de um centro metropolitano dominante governando um território distante"[10] na esperança de resolver, no exterior, as crises que marcam o sistema capitalista, justamente pelo fato de a ação imperialista criar novas oportunidades de investimentos, novos mercados consumidores, assim como acesso a matérias-primas e insumos a preços módicos.

Entretanto, não era tão simples para o nacionalista do século XIX compreender as ações de sua Nação para além de algo primordial para a ideia de nacionalidade, ou seja, o território, as fronteiras, os limites culturais e linguísticos. Como encontrar justificativa moral e ética para intervenções tão profundas na economia, política e cultura de um outro povo? O racismo surge aqui, uma vez mais, como uma ideologia e justificativa poderosas.

Kwame Anthony Appiah nos diz que,

> (...) onde a raça atua – em lugares onde as 'diferenças macroscópicas' da morfologia são correlacionadas com 'diferenças sutis' de temperamento, crença e intenção –, ela atua como uma espécie

---

9   *Ibid*, p. 164.

10   SAID, Edward. *Op. cit.*, p.42.

Fela Kuti: contracultura e (con)tradição na música popular africana

de metáfora da cultura; e só o faz ao preço de biologizar aquilo que *é* cultura, a ideologia.[11]

A inexistência da ideia de raça enquanto fator biológico de diferenciação humana, que possa dar base para nos classificar em grupos distintos, não impede a existência do conceito enquanto ideologia – muitas das vezes justificado pela própria ciência, como vimos no primeiro capítulo, nas mãos de homens como Charles Lineu. Para a judia Hannah Arendt,[12] a ideia de raça era, significativamente, o declínio e o fim da humanidade e a morte antinatural do homem.

Esta autora ressalta que os laços entre os conflitantes conceitos de imperialismo e nacionalismo só serão possíveis graças à função aglutinadora exercida pelo racismo, transformado em ideologia. A ideologia racista teria emergido em diversos países europeus no século XIX, servindo de reforço à política imperialista. Edward Said aponta, como citamos anteriormente, que os anos 1800 são marcados por palavras como "raças servis", "povos inferiores" ou "povos subordinados", trazendo a noção de que as ações imperialistas poderiam – do ponto de vista moral e ético – ser positivas e até mesmo desejáveis.

Este vocabulário, tomado de empréstimo do darwinismo social e do pensamento eugenista, de Gobineau e tantos outros, acalentam a consciência do imperialista, que pôde então dormir tranquilo sabendo que levava a "civilização europeia" às "raças inferiores", colocando fim ao obscurantismo e ao paganismo, ao tribalismo e a outras formas "inferiores" de formação social.

É justamente neste contexto no qual a semente da globalização é plantada. O imperialismo coloca partes distantes do mundo em uma forma distinta de contato, onde relações de poder, obviamente desiguais, foram pautadas na dependência econômica e no racismo, disseminando

---

11   APPIAH, Kwame Anthony. *Op. cit.* p.75.

12   ARENDT, Hannah. *Op. cit.*

relações capitalistas pelo mundo como forma de conter as crises do próprio sistema, garantindo sua saúde e reprodução.

Citando mais uma vez Said, o imperialismo:

> (...) lançou as bases para o que, agora, é de fato um mundo inteiramente global. As comunicações eletrônicas, o alcance mundial do comércio, da disponibilidade de recursos, das viagens, das informações sobre padrões climáticos e as mudanças ecológicas unificaram até mesmo os locais mais remotos do mundo. Esse conjunto de padrões foi, ao meu ver, possibilitado e inaugurado pelos impérios modernos.[13]

Como vimos no início do capítulo, todo esse processo causou importantes modificações nas estruturas sociais africanas e o século XX trouxe novas perspectivas para os povos daquele continente. A formação de elites versadas nos ditames da cultura ocidental e – em alguns casos ligadas ao pensamento da *negritude* e do pan-africanismo – permitiu que as independências fossem alcançadas e, ao final do século, praticamente todo o continente estava livre da presença colonial europeia. A conquista das independências marcou o fim do apogeu imperialista europeu e confirmaram a mudança do eixo político-econômico mundial. Os Estados Unidos surgiram como uma nova potência capitalista que, como não poderia deixar de ser, inauguram um "novo imperialismo", como aponta David Harvey, que é em essência uma revisitação do imperialismo europeu, em tempo e espaço distintos.[14]

Os processos de independência inauguraram o desafio de pensar projetos modernizadores para os países que agora estavam inseridos na lógica econômica mundial, diante de um mundo dividido pela Guerra Fria, colocando-os na esfera da concorrência imperialista internacional.

---

13   SAID, Edward. *Op. cit.*, p.37.

14   HARVEY, David. *Op. cit.*, p. 148.

O imperialismo europeu do século XIX definiu os termos nos quais a África entrou em contato com a economia capitalista: como fornecedora de matérias-primas e de mão-de-obra barata. Após as independências, os novos governantes herdaram estruturas subdesenvolvidas, mercados voltados para a exportação e consumo interno atrofiado, de modo que tiveram de lidar com as vicissitudes que a expansão capitalista através da espoliação impunha aos países subdesenvolvidos.[15]

David Harvey aponta que o acúmulo de capital no âmbito do Imperialismo capitalista se dá através da

> Exploração das condições geográficas desiguais (...) aproveitando-se igualmente do que chamo de "assimetrias" inevitavelmente advindas das relações espaciais de troca. Estas últimas se expressam em trocas não leais e desiguais, em forças monopolistas espacialmente articuladas, em práticas extorsivas vinculadas com fluxos de capital restritos e na extração de rendas monopolistas. (...) A riqueza e o bem-estar de territórios particulares aumentam à custa de outros territórios. As condições geográficas desiguais não advêm apenas dos padrões desiguais da dotação de recursos naturais e vantagens de localização; elas são também, o que é mais relevante, produzidas pelas maneiras desiguais em que a própria riqueza e o próprio poder se tornam altamente concentrados em certos lugares como decorrência das relações assimétricas de troca.[16]

Esta forma de acúmulo de capital, que necessariamente se dá através da exploração de desigualdades geográficas de distribuição e concentração de renda e de recursos naturais só é possível graças às duas lógicas

---

15 COQUERY-VIDROVITCH, Catherine. As mudanças econômicas na África em seu contexto mundial (1935-1980). In: *História Geral da África*, vol. VII – África sob dominação colonial 1880-1935. Brasília: UNESCO, 2010. P. 357.

16 HARVEY, David. *Op. cit.*, p. 35.

internas do imperialismo: a lógica territorial do poder e a lógica capitalista do poder. A primeira delas é demarcada territorialmente pelo poder dos Estados e a segunda pela fluidez e pelo poder que o capital possui de transmutar-se pelas fronteiras. Essas duas lógicas contraditórias fazem com que, como aponta Arendt,[17] o acúmulo ilimitado do capital busque também um acúmulo ilimitado de poder, dando origem à lógica de acumulação por espoliação de regiões mais frágeis economicamente do globo.[18] Esse aspecto da relação entre as duas lógicas imperialistas é o que faz, no jogo das relações internacionais, com que um Estado hegemônico – que tem poder e capital suficientes para ditar as regras da política econômica internacional – crie, necessariamente, áreas em que outros Estados se tornem economicamente dependentes.

A dependência econômica, nos jovens países africanos, causou

> Uma profunda distorção social entre as massas e a "elite". Esta última, correspondente, em média, a ínfimos 5% da população, almejava um nível de vida ocidental. (...) A própria condição para a integração da minoria privilegiada, em um sistema mundial, implicava na marginalização das massas, sob a forma de constituição de um subproletariado rural ou urbano; ao invés de privilegiar, em meio a um mercado interno muito estreito, o comércio de bens de consumo a preços acessíveis, os caprichos da minoria social impuseram a "extroversão" econômica, reduzindo a economia a um mero apêndice subalterno, moldado segundo a lógica do mercado internacional.[19]

Nestas condições, o capital injetado e as transferências de tecnologia, como aponta Catherine Coquery-Vidrovith, privilegiaram algumas

---

17 ARENDT, Hannah. *Op. cit.*, p. 145-338.

18 Ideia desenvolvida por Harvey em: HARVEY, David. *Op. cit.* p., 115-148.

19 COQUERY-VIDROVITCH, Catherine. *Op. cit.* p., 363.

oligarquias nacionais e empresas multinacionais, proporcionados por um clientelismo e pela corrupção que espoliava os cofres públicos.

Fela Kuti criticou essa elite corrupta, que propagava no continente uma *"colomentality"*. Na música *International Thief Thief* (I.T.T) – um trocadilho com as siglas da multinacional *Internacional Telephone and Telegraph* – ele denuncia a ação dessas elites em conjunto com as multinacionais, responsabilizadas, em grande medida, pela corrupção, pela miséria e pela latente desigualdade social entre os povos africanos.

Gravada em 1979 ainda com a banda Afrika 70, pelo selo Kalakuta Records, I.T.T ocupa os dois lados do LP e denuncia, em seus 24 minutos e 2 segundos de duração, o modo como as multinacionais procediam em seu país. O músico explicita de forma bastante pedagógica o *modus operandi* das empresas multinacionais, que não apresentavam nenhum interesse pelas questões sociais dos países que exploravam.

Pautando-se na tradição da *yabis music,* Fela utiliza-se mais uma vez de metáforas para transmitir sua denúncia. Após evocar os poderes de divindades como Ifa, Edumare e o deus Egípcio Osíris para dar garantia da veracidade dos fatos que seriam ditos, Fela nos conta que os africanos foram ensinados a carregar os excrementos dos europeus e que, na verdade, esse tipo de costume jamais existiu em nenhuma cultura africana. Fela dá o veredito: *estamos cansados de carregar seus excrementos!*[20] A letra, permeada por falas aleatórias que reforçam e dão autoridade às denúncias de Fela Kuti – como se o ouvinte pudesse transportar-se para um *yabis time* ao vivo na casa de shows *The Shrine* – nos conta que:

> During the time them come force us away as slaves
> Na European man, na him dey carry shit
> Na for them culture to carry shit
> During the time them come colonize us
> Them come teach us to carry shit

---

20   Do original: "We don tire to carry anymore of them shit".

Long, long, long, long time ago
African man we no dey carry shit
Na European man teach us to carry shit[21]

O ato de carregar excrementos funciona como uma metáfora para o fato dos povos africanos serem obrigados a suportar toda a desigualdade social e econômica impostas pela dinâmica do capitalismo em nível mundial.

Fela delata como empresas do porte da multinacional I.T.T agem em países como a Nigéria, onde as elites tiravam vantagens e privilégios da sua presença:

Many foreign companies dey Africa carry all our money go
(…)
Them go dey cause confusion
Cause corruption
Cause oppression
Cause inflation[22]

O modo de agir dessas empresas, segundo Fela, era característico:

Them get one style wey them dey use
Them go pick one African man
A man with low mentality
Them go give am million naira breads
To become of high position here
Him go bribe some thousand naira bread

---

21 A tradução da letra (originalmente em inglês pidgin) de I.T.T foi realizada com o auxílio do Prof° Anthony Adékòyá: "Durante o tempo em que os europeus nos escravizaram/ o homem europeu era quem carregava excrementos/ na cultura deles, eles carregam excrementos, durante o tempo em que eles nos colonizaram/ eles nos ensinaram como carregar excrementos".

22 "Muitas empresas estrangeiras levaram nosso dinheiro embora/ Elas vão causar confusão, corrupção, opressão, inflação".

Fela Kuti: contracultura e (con)tradição na música popular africana

To become one useless chief
Like rat they do them go do from[23]

Neste momento, Fela utiliza-se das palavras como se fossem onomatopeias, criando uma imagem visual de ratos, andando por entre as frestas, as esquinas, dentro, fora e etc:

Corner corner, pass-ee pass-ee
Under under, pass-ee pass-ee
Inside inside, pass-ee pass-ee
In in, pass-ee pass-ee
Out out, pass-ee pass-ee
Peep peep, pass-ee pass-ee
Up up, pass-ee pass-ee...

Gradualmente, o homem de mentalidade colonial escolhido para servir como marionete para as grandes empresas estrangeiras ganha espaço na política nacional, como o tão criticado Abiola, presidente nigeriano da I.T.T e o próprio presidente do país, Obasanjo:

Then he gradually, gradually, gradually, gradually. Them go be:
Friend friend to journalist
Friend friend to Commissioner
Friend friend to Permanent Secretary
Friend friend to Minister
Friend friend to Head of State
Then start start to steal money

Start start them corruption
Start start them inflation

---

23 "Eles costumam agir de um certo modo/ Escolhem um africano/ Um homem de "baixa" mentalidade – de mentalidade colonial/ Dão a ele milhões de nairas/ Colocam-no em bons cargos/ Subornam-no com milhões de nairas/ Para que ele se torne um chefe inútil/ Irão agir como ratos".

Start start them oppression
Start start them confusion
Start start to steal money
Like Obasanjo and Abiola[24]

Em I.T.T Fela Kuti personifica através das figuras de Abiola, Obasanjo e da própria *International Telephone and Telegraph*, problemas estruturais causados pelos processos da globalização e pelo modo com que a África entrou no jogo econômico internacional.

Maxwell Owusu aponta que o fato de o continente africano ter entrado na economia planetária na qualidade de colônia das potências imperialistas da Europa relegou à África, na divisão internacional do trabalho, o lugar de fornecedora de mercadorias primárias. "A criação de economias africanas dependentes de monoculturas e norteadas pela exportação estava, por assim dizer, legitimada".[25] Como a criação de indústrias, o investimento social e a criação de um mercado interno fortalecido não eram o foco das ações imperialistas, os governos pós-coloniais herdaram economias atrofiadas, subdesenvolvidas e o desafio de pensar planos de modernização que suprissem essas deficiências, o que não foi efetivamente alcançado.

O processo de modernização do continente, iniciado no contato colonial, acentua-se após as independências causando grandes transformações em diversos aspectos da vida social, como um crescimento populacional urbano sem precedentes, o surgimento de favelas, o aumento da fome e miséria, as migrações em massa, além do fracasso nas políticas para a agricultura – setor fundamental para o combate à fome. No caso

---

24 "Eles gradualmente tornam-se/ Amigos do jornalista, do comissário, do secretário permanente, do ministro, do chefe de Estado/ Começam a roubar dinheiro/ começa a corrupção, a inflação, a opressão, a confusão/ Como Obasanjo e Abiola".

25 OWUSU, Maxwell. A agropecuária e o desenvolvimento rural. In: *História Geral da África*, vol. VII – África sob dominação colonial 1880-1935. Brasília: UNESCO, 2010, p. 414.

específico da Nigéria, o *boom* da exploração do petróleo fez com que camponeses abandonassem seus postos de trabalho para buscarem colocações em indústrias, acentuando o problema da fome e engrossando a fileira de citadinos desempregados.[26]

Empresas como a I.T.T, com seus cabos, fios e ferrovias, ao mesmo tempo que aceleraram o processo de modernização do continente e inseriram povos distantes na lógica da comunicação global, acentuaram a distância entre elites e pobres, além de explorar desumanamente os recursos do continente, tanto humanos, quanto naturais.

O rádio, tão simbólico em Moolaadé – aparece aqui, mais uma vez, com a força de uma metáfora. A sua simples presença, ao mesmo tempo que subentende a presença do colonizador – um dos grandes responsáveis pela dependência e subdesenvolvimento do continente –, denota também a presença das redes de comunicação global e seus poderes transformadores que, de certa forma, no enredo de Sembène, foram o estopim para que as mulheres iniciassem uma luta contra um modo específico de opressão (a mutilação genital).

Essa relação contraditória entre os costumes, a tradição e o novo que chega através do mercado do mundo globalizado está presente também na obra de Fela. É dentro de uma indústria fonográfica, que abre a possibilidade do surgimento de uma música popular africana – no sentido adorniano do termo, que Fela desenvolveu formas de pensar uma globalização alternativa, que considerasse as especificidades do "ser africano". É justamente o desenvolvimento deste pensamento que iremos trabalhar enquanto contracultura.

---

26   *Ibid*, p. 410.

Afrobeat enquanto movimento contracultural – 1974-1979

> "We must win
> We dare not, we must not
> We cannot
> Fail or Falter"[27]

Na tentativa de mudar os rumos que a elite nigeriana tenta dar à política nacional – denunciados em I.T.T. – Fela empreende a criação de um partido político, chamado MOP, sigla para *Movement of the People*. Este ato representa o intuito de levar para a arena político-partidária a filosofia que foi se configurando no pensamento e atitudes do músico desde sua turnê aos Estados Unidos da América em 1969.

O MOP foi fundado em 1978 tendo sido, entretanto, desqualificado pela FEDECO (Comissão Federal Eleitoral) nigeriana no mesmo ano, não podendo concorrer às eleições de forma legal.[28]

Para Fela era urgente a necessidade de que a Nigéria, assim como todo o continente africano, passasse por um processo de desenvolvimento e modernização que não desconsiderasse o que ele acreditava ser "autenticamente" africano, fato que se reflete em suas concepções de educação, direito e de políticas públicas. Para isso ele utiliza toda sua concepção filosófica de mundo – que Sola Olorunyomi chama de "*Felasophy*", ou Felasofia, termo que, segundo o autor, popularizou-se entre os membros do *Young African Pioneers*, grupo do qual falaremos em momento oportuno.[29]

No modo de pensar de Fela, os africanos da região logo abaixo do Saara seriam descendentes diretos dos egípcios da antiguidade – povo

---

27 Frases finais do manifesto do MOP. Em tradução livre: "Precisamos vencer, não ousaremos, não devemos, não podemos falhar ou faltar".

28 VEAL. Michael E. *Op. cit.*, p. 169.

29 OLORUNYOMI, Sola. *Afrobeat!* Fela and the imagined continent. Ibadan, Nigéria: IFAnet Editions, 2005, p. 34.

reconhecido mundialmente por seu grande poder, por sua civilização e por suas grandes contribuições científicas e filosóficas à humanidade. O desenvolvimento de uma identidade africana, que permitiria uma concepção mais positiva do continente, seria importante para colocar um basta à posição de inferioridade que aos negros teria sido reservada através do contato violento com a Europa.

Olorunyiomi reproduz falas realizadas por Fela, nas quais podemos vislumbrar ideias referentes à origem africana da humanidade e à origem egípcia dos povos subsaarianos:

> A África está na origem das antigas civilizações como a vanguarda da aventura humana no mundo e os Faraós Negros do antigo Egito, que construíram as pirâmides como uma obsessão pelo mundo da morte, contribuíram para o avanço da civilização material, além de ensinarem aos gregos várias coisas que estes desconheciam. É um equívoco, portanto, creditar à filosofia grega invenções que emanaram originalmente da África.[30]

O intuito de trazer toda a importância do Egito antigo – em detrimento à cultura grega (entendida como base fundamental da cultura europeia e "Ocidental" como um todo) fica claro quando Fela afirma a necessidade de formar uma unidade africana transformadora para que o "homem negro não carregue merda novamente".

A relação dos povos subsaarianos – principalmente dos iorubás – com o antigo Egito poderia ser verificada, segundo Fela, etimologicamente, com a sobrevivência de termos presentes na língua assim como

---

30 *Ibid.* Do original: "Africa is the origin of (ancient) civilization as the continent was in the forefront of the world's adventure, and the Black Pharaohs of ancient Egypt who built the pyramids and had obsession for the world of the dead contributed for the advancement of material civilization, besides teaching the Greeks several things which they would otherwise not have known. It is a misnomer, therefore, to credit "Greek Philosophy" with inventions that originally emanated from Africa."

nas artes plásticas encontradas no eixo Ife-Benin. Outros pontos seriam também testemunhas deste fato como a permanência de uma concepção de mundo religiosa que – diferentemente do islamismo e do catolicismo – não permitiria que os seres humanos fossem entendidos como mercadorias. "A pessoa humana é aprimorada na religião tradicional africana".[31] Fela critica as autoridades nigerianas pelo financiamento de peregrinos em suas visitas aos locais sagrados das referidas religiões. Essa ideia é reforçada na música *Shuffering and Shmiling* e na própria *I.T.T* na qual deuses egípcios são evocados para dar legitimidade ao *yabis time* e às denúncias que seriam realizadas: "Well well, na true I want talk again o / If I dey lie o / Make Osiris punish me".[32]

Sua filosofia ressalta a construção das riquezas ocidentais sobre o genocídio de milhões de africanos escravizados, causando um impacto extremamente negativo na psique do africano – além do próprio ônus cultural e econômico para todo o continente. "Irmãos e Irmãs, hoje lhes digo, o colonialismo cometeu um tipo de genocídio na África aos quais os crimes cometidos por Adolf Hitler e os nazistas não se igualam".[33]

Dissertamos sobre o fato de Fela pensar um continente africano imaginado que não existe enquanto identidade "geográfica" necessariamente identificável, mas sim enquanto *locus* aglutinador de identidades no qual continente e diáspora se unem num *continuum* de experiências, histórias e necessidades compartilhadas. Entretanto falta-nos ainda historicizar este processo, na tentativa de compreender "quais" elementos foram fundamentais para a formulação desta "África imaginada" por Fela Kuti.

---

31   *Ibid*, p. 37. Do original "The human person is enhanced in traditional African religion, unlike Christianity and Islam which find scriptural justification for keeping fellow humans in bondage".

32   "Muito Bem, é verdadeiro o que irei dizer/ se eu mentir/ que Osíris me castigue!"

33   OLORUNYOMI, Sola. *Op. cit.*, p.37. Do original: "Brothers and sisters, I tell you something today, colonialism committed a type of genocide in Africa that was not equaled by the crime committed by Adolf Hitler and his fellow Nazis."

Como vimos, Fela nasceu em uma família cristianizada de origem Egba-Yoruba e, como não poderia deixar de ser, referências deste grupo linguístico-cultural são fundamentais para a formulação do afrobeat, de sua concepção de negritude e da sua formulação de uma identidade africana. Quando nos perguntamos à "qual" África o músico se refere quando pensa sua negritude é principalmente na herança iorubá em que ele se apoia. Todavia, não é somente Fela, em seu tempo, que pensa a questão de uma herança e identidade africana em termos iorubás.

O estudo do americano J. Lorand Matory[34] nos traz uma interessante visão sobre o assunto. Segundo o autor, muitos descendentes de africanos na diáspora sentiram-se seduzidos pela cultura iorubá – principalmente no que se refere à religião de culto aos orixás – e a tomaram como uma religião ancestral africana (ou religiões, devido à diversidade de suas formulações no Novo Mundo). Entretanto este processo, assim como a própria concepção de "iorubá" enquanto "grupo étnico", fazem parte de um movimento bem recente chamado por Matory de Renascença Iorubá, que se dá nos dois lados do Atlântico Negro e no qual é fundamental o papel dos viajantes. Na busca por ressaltar o papel de sujeitos sociais envolvidos na gênese de identidades étnicas que tendemos a ver como "puras", o autor destaca que há na diáspora uma proeminência da cultura dita "iorubá" com relação aos outros grupos étnicos que chegaram ao Novo Mundo.

Segundo o autor,

> Termos tais 'yorubá', 'nagô', 'olúkumi' e 'ketu' (em suas possíveis grafias) provavelmente são anteriores à diáspora "transatlântica" de escravos, mas o uso desses termos para nomear todos esses povos hoje chamados "yorubá" é, sem dúvida, recente. Igualmente

---

34 MATORY, J. Lorand. *Yorubá*: as rotas e as raízes da nação transatlântica, 1830 – 1950. Horizontes Antropológicos, Porto Alegre, ano 4, n. 9, p. 263 – 292, outubro de 1998. Na obra de Matory a palavra iorubá aparece grafada sempre com y. Aqui, optamos pela grafia abrasileirada do termo, com i.

recente é a ideia de que eles compartilham uma cultura primordial (...) essa identidade 'yorubá' faz parte de um senso comum
do século XX, desde um período em que esta realidade estava
apenas começando a ser produzida por uma população de ex-
-escravos de Oyo, Egba, Ilesa, que "retornaram" para a "Costa" e
o interior ao redor de Lagos no período colonial.[35]

Este processo de valorização da cultura iorubá inicia-se com
o retorno de brasileiros, filhos de ex-escravizados, como é o caso de
Felisberto Sowzer e Eliseu Martiniano do Bonfim, babalaôs que se educa-
ram na Nigéria colonial, tornando-se fluentes em inglês e iorubá, além de
aprofundarem-se nos preceitos religiosos daquele povo. Estes homens,
assim como tantos outros, são chamados de *re-ingressados* por Matory,
por manterem um fluxo de viagens entre as duas bordas do Atlântico,
levando e trazendo mercadorias, conhecimentos e influências durante o
período de formação do Candomblé.

Estes "viajantes" teriam determinado, entre os anos 1890 e 1940,
grande parte da "lembrança" que sacerdotes, leigos e estudiosos possuíam da África. Muitos etnógrafos e antropólogos – como o próprio Nina
Rodrigues – basearam-se em falas e memórias destes viajantes letrados
para compor suas obras e toda uma ideia sobre "africanidade". Seguindo
ainda o pensamento elaborado por Matory, resta-nos destacar o modo
como estes viajantes contribuíram na formulação da ideia de superioridade da "nação iorubá" na África e sua identificação com as nações
"quêtu" e "nagô" no Brasil.

Matory aponta que a colonização britânica, que fez com que Lagos
acentuasse seu caráter cosmopolita, trouxe em seu bojo formas de racismo que tiveram como resposta diversos modos de resistência política e
cultural, como a formulação de um nacionalismo racial negro,

---

35 *Ibid*, p. 268.

do qual a tradição e identidade pan-yorubá frequentemente se tornaram um símbolo paradigmático. No século XIX, para muitos norte-americanos, afro-caribenhos, afro-latinos, serra-leoninos, "retornados" a Lagos (lugar de intensa interação Atlântica-negra, ainda não superado nem pelo Harlem!), a cultura "yorubá" tornou-se a cultura negra por excelência.[36]

Desta forma, a presença de retornados e re-integrados na Costa africana, de Lagos à Freetown, foi fundamental para a formulação desta identidade iorubá que, dentro das lutas por direitos civis e disputas políticas dos negros na diáspora, se tornou "essencialmente" africana. A cidade de Lagos do século XIX passa, então, a ser entendida como a capital dos "iorubá" – bem distintos do povo da Oyo histórica.

Além dos viajantes negros da diáspora, outras questões internas no continente africano foram de suma importância. É o caso do *"saros"*, homens e mulheres resgatados de navios negreiros por ingleses e holandeses, na tentativa de combater o tráfico de escravizados em suas possessões coloniais. Os capturados eram levados a Freetown, Serra Leoa, onde eram alfabetizados por missionários, formando uma classe de pessoas versada em língua e religião ocidentais, com acesso privilegiado a cargos públicos e com condições de diferenciação social. Quando estas pessoas retornavam para Lagos, passavam a ser conhecidos como *"saros".* Os *saros* foram justamente os responsáveis pela tradução dos textos bíblicos de forma que fossem compreendidos por povos como os oyo, os egba, egbado, ijesa, entre outros, que possuíam diversas semelhanças étnico--linguísticas. Neste processo de tradução da bíblia, os *saros* produziram os padrões léxicos e ortográficos do iorubá enquanto língua escrita. Na verdade, "os *saros* produziram uma linguagem 'standard', a língua que reificou a unidade étnica 'iorubá'". [37]

---

36 *Ibid*, p. 274.

37 *Ibid*, p. 277.

Com o avanço do colonialismo no continente e, principalmente, na região da Costa ocidental africana, muitos dos viajantes citados, comerciantes, saros e outros africanos e afro-descendentes foram perdendo espaço e privilégios pelo efeito avassalador do racismo, que justificava a proeminência de brancos europeus em cargos na administração pública. Este fato fez prevalecer uma necessidade de se preservar, estudar e valorizar a herança cultural iorubá contra o racismo britânico, relacionando "raça", cultura, língua e religião na formulação de um nacionalismo negro em contato contínuo com os pensadores pan-africanistas estadunidenses, através de publicações jornalísticas como os periódicos *Lagos Weekly Record* ou *The Anglo-African*.

Desta forma, quando Fela Kuti inicia seu processo de construção identitária enquanto negro e africano, em sua primeira turnê aos Estados Unidos da América, em 1959, ele reforça laços transatlânticos que já haviam sido formulados há mais de um século. Como vimos, a ideia de uma africanidade iorubá se reflete em toda sua ideologia e na filosofia que assume contra o racismo que insistia em colocar o negro – e o continente africano – em condição de inferioridade. Esta ideia irá se refletir, com todas as suas contradições possíveis, na formulação do movimento contracultural do Afrobeat, assim como em suas propostas e práticas políticas para mudanças sociais em seu país.

No que se refere especificamente às práticas políticas propostas pelo partido MOP, Fela pauta-se no chamado Nkrumaísmo, inspirado nas concepções do intelectual e líder da independência de Gana – Kwame Nkrumah.

Nkrumah fez parte de uma geração de africanos que tiveram acesso a uma educação primária ocidentalizada e, posteriormente, ao estudo em nível superior. Tendo frequentado universidades nos Estados Unidos, Kwame Nkrumah entrou em contato com todo um corpo de escritos pan-africanistas, contribuindo para este movimento com obras como, *Personalidade Africana* e *África deve unir-se*, os dois livros lançados em 1963, ano em que foi fundada a Organização para União

Africana (OUA). Apresentou, em 1945, uma importante participação no V Congresso pan-africano, realizado em Manchester, marcando o protagonismo de representantes dos países africanos. Jean Suret-Canale e A. Adu Boahen apontam que a importância deste Congresso está no fato de ser este um dos fatores fundamentais para o desencadeamento das independências em todo continente africano.[38]

O Nkrumaísmo marca um posicionamento a favor de um "socialismo africano" pautado na política de não-alinhamento, ou seja, uma postura que nega tanto o comunismo, quanto o capitalismo como opções viáveis para a África e propaga a ideia da elaboração de um sistema político-econômico que considere as especificidades africanas diante do jogo das relações internacionais.

> Em princípio, o movimento representava a expressão de um protesto solidário e visava a modernização das relações Leste-Oeste. Entretanto, após os anos de 1970 (...) o movimento transladou-se para privilegiar uma postura em defesa de uma reestruturação fundamental do sistema mundial, rumo e em prol de uma maior equidade nas relações Norte-Sul.[39]

Mais uma vez citando as falas realizadas por Fela, reproduzidas por Sola Olorunyomi, podemos vislumbrar a busca por políticas que sejam autenticamente africanas:

> Ainda que Karl Marx, Vladimir Ilyich Lenin e Mao TseTung tenham sido grandes líderes de seus povos, e alguns de seus pensamentos tenham utilidade para a humanidade, suas perspectivas continuam sendo ideologias estrangeiras em casos específicos. Nkrumaísmo, um sistema socialista africano, é o que eu reco-

---

38 SURET-CANALE, Jean; BOAHEN, Adu. A África Ocidental. In: *História Geral da África VII*. Brasília: UNESCO, 2010, p. 196.

39 KI-ZERBO; MAZRUI; WONDJI; BOAHEN. Construção da nação e evolução dos valores políticos. In: *História Geral da África VII*. Brasília: UNESCO, 2010, p. 586.

mendaria para a África, porque é autêntico para nós, e envolve um sistema em que os méritos de um homem não dependem de sua etnia. Todas as fronteiras e limites para a união africana devem ser abolidas.[40]

Em termos práticos, as propostas para o governo apresentadas pelo MOP pautam-se – além das ideias de união africana e de uma identidade africana compartilhada – em políticas públicas pontuais, como o desenvolvimento de um centro de cinema africano em que "a câmera poderia contar histórias na verdadeira tradição narrativa africana"; o desenvolvimento de uma "naturologia" em detrimento à tecnologia ocidental; pesquisas em medicina tradicional que considere a cura através de ervas e etc.

No documento – que poderíamos chamar de "manifesto" – no qual as concepções do MOP são apresentadas, há ainda propostas para uma educação que quebre paradigmas ocidentais, propostas para o desenvolvimento do setor agropecuário que tenha como prioridade a erradicação da fome, a implementação de indústrias que busquem dissolver o monopólio de corporações internacionais. O texto, em seu momento conclusivo, destaca as seguintes propostas:

– Os meios de produção devem pertencer ao povo;

– Deve haver uma distribuição justa e equitativa da riqueza nacional;

---

40 OLORUNYOMI, Sola. *Op. cit.*, p. 38. Do original: "Although Karl Marx, Vladimir Ilyich Lenin and Mao Tse Tung were great leaders of their people, and some of their thoughts useful for the rest of the humanity, their perspectives nonetheless remain foreign ideologies in specific instances. Nkrumahism, an African socialist system, is what I would rather recommend for Africa because it is authentic for us, and it involves a system where the merits of a man would not depend on his ethnic background. All borders and boundaries fettering the union of African peoples ought to be abolished."

- A reforma agrícola deve levar à autossuficiência na produção de alimentos;
- Criação de mercados regionais para promover uma integração de comércio intra-Africana;
- A promoção de uma industrialização seletiva que seja consistente com o baixo desenvolvimento tecnológico e aspirações populares, evitando uma duplicação do grupo industrial;
- Lutar pela criação de uma moeda africana comum, atrelada às outras moedas locais.[41]

O MOP[42] é a faceta contracultural do Afrobeat que, de certa forma, busca transformar a sociedade por dentro da lógica institucional, com a formação de um partido político para concorrer às eleições. Já a *República de Kalakuta* e o *Young African Pioneers* representam uma face do movimento que não se prendia a instituições.

A república de Kalakuta foi fundada em 1974 e surgiu justamente da ideia pan-africanista de uma ligação histórica entre os negros do continente e da diáspora. Segundo as próprias palavras de Fela, seu objetivo era abrir as portas de sua casa para todo africano (entenda-se aqui também os negros da diáspora) que estivessem fugindo de perseguições políticas. A comuna era uma tentativa deliberada de criar um espaço de vivências compartilhadas, fora do individualismo capitalista dos países Ocidentais. O termo *"República"* foi empregado com o intuito de marcar

---

41 Do original: "The means of production must belong to the people/ There must be fair and equitable distribution of national wealth/ The institution of agricultural reform leading to the self sufficiency in food production/ The founding of regional markets to promote intra-African trade/ The promotion of selective industrialization that is consistent with out technology and aspirations of the people while avoiding the duplication of industrial group/ To work for the formation of a common African currency on which other currencies may be pegged."

42 Devo agradecer a Pedro Rajão pelo acesso ao Manifesto do *Movement of The People*, para consulta e análise.

uma diferença com relação ao restante de toda a República Federal da Nigéria, criada por ingleses e governada por homens contra os quais Fela se colocava. Já Kalakuta foi o nome da cela em que Fela esteve preso pela primeira vez.[43]

Como aponta Sola Olorunyomi, Kalakuta, em seu auge, abrigava pessoas as mais diversas possíveis: jovens artistas, estudantes universitários, desempregados à procura de trabalho, rebeldes e aventureiros de todas as partes, como Zaire, Gana, Togo, pessoas vindas de países da diáspora, além das mulheres e filhos de Fela. Três casas teriam servido como comuna, tendo sido a primeira – em um bairro chamado Surulere – invadida e incendiada por policiais, fato que será discutido melhor adiante, por ter sido fundamental para os rumos da carreira de Fela.

Kalakuta, sempre numerosamente habitada, era cotidianamente organizada por um conjunto de regras que discorriam – de forma nem sempre democrática – sobre o regime de limpeza, alimentação, proteção e tudo mais necessário para o funcionamento da comuna. Havia penalidades para agressões físicas entre os membros da casa, assim como para roubos. O uso de drogas pesadas, como cocaína e heroína eram proibidos, diferentemente do uso da maconha, considerada uma erva com poderes medicinais e, portanto, benéfica para a saúde. Em situações extremas, um membro da comuna poderia ser enviado para uma "cela" conhecida como *Kala-kusa* que, na verdade, não era um cômodo ou local isolado, mas uma forma de diminuir a circulação e socialização de pessoas que quebrassem as regras fundamentais.[44]

A importância de Kalakuta está no fato de ter sido um espaço onde desejos, sonhos e pensamentos dissidentes pudessem ser colocados em prática. Diferentemente do restante da Nigéria, assolado por governos militares e civis autoritários, os moradores e pessoas que por ali tran-

---

43   MOORE, Carlos. *Op. cit.*, p.122.

44   OLORUNYOMI, Sola. *Op. cit.*, p. 17.

sitavam, poderiam expor suas ideias e encontrar o alento humano de pessoas que compartilhavam de formas semelhantes de enxergar o mundo.

As mulheres, mesmo estando sujeitas um ideal de "mulher africana" (explicitado em músicas como *Mattress* e *Lady*) que deveria ser submissa e servir de apoio aos maridos, viam ali um espaço para a construção de sonhos que, em essência, tinham um caráter não só de realização pessoal, mas também coletiva.

Alake, uma das esposas de Fela e moradoras de Kalakuta, ao ser entrevistada por Carlos Moore, foi indagada sobre o porquê morava com Fela, ao que respondeu:

> Sabe... eu... na minha família, eu sou muito diferente de todas as outras crianças porque todas elas são muito colonizadas. (...) Todos os meus amigos se casaram. Eu não ando como esses garotos, meus irmãos, os amigos deles, eles circulam pela burguesia, mas eu, eu amo todo mundo porque não gosto do jeito como eles (a burguesia) tratam os trabalhadores, o povo. Não gosto.[45]

As mulheres –[46] mães, cantoras, dançarinas, esposas e amantes – viram em Kalakuta um lugar de liberdade que não vislumbravam em suas famílias e sistemas culturais e puderam criar, de forma autônoma, meios de alcançar a realização profissional e artística.

---

45 MOORE, Carlos. *Op. cit.*, p. 219-223.

46 A imagem das mulheres de Fela, que reproduzo em seguida, foi retirada do site https://festavoodoo.wordpress.com/2011/10/13/fotos-de-mais-um-ritual-especial-afrobeat-no-mes-de-fela-kuti/ acessado em 5/06/2015.

Rainhas do Afrobeat. Fonte: https://festavoodoo.wordpress.com/2011/10/13/fotos-de-mais-um-ritual-especial-afrobeat-no-mes-de-fela-kuti

Além das mulheres, os jovens também viram na comuna um espaço de liberdade e crescimento político. Artistas desconhecidos ganharam notoriedade, como Lemi Ghariokwu, um dos grandes responsáveis pela força visual que possui o Afrobeat. A vinculação entre política e arte era, também, uma premissa para estes jovens artistas que criaram em 1976, o YAP – *Young African Pioneers*.[47]

---

47 Agradeço imensamente a Lemi Ghariokwu por todas as informações e imagens referentes às atividades do YAP.

Criado por Lemi Ghariowu, Ikujenyo Durotimi e Idowu Mabinuori Kayode (na imagem abaixo), o YAP consistia numa organização com objetivos culturais, sociais e políticos, administrada especificamente pelos jovens que circulavam por Kalakuta, com membros filiados em todo país.

Lemi Ghariowu, Ikujenyo Durotimi e Idowu Mabinuori Kayode. Fonte: Arquivo pessoal de Lemi Ghariowu.

Os jovens pioneiros tinham como principal inspiração a organização de mesmo nome criada por Kwame Nkrumah, em Gana, com o intuito de substituir instituições coloniais como os Escoteiros.

A YAP produzia um jornal, o *YAP News,* no qual ajudavam a propagar a ideia de uma revolução africana, além de acentuar e aprofundar as denúncias realizadas nas músicas de Fela. Na edição de novembro de 1976 o foco das denúncias era a má administração no que se referia ao trânsito da cidade de Lagos. Na tentativa de solucionar os problemas no tráfego, o coronel P. C. Tarfa teria autorizado aos soldados o uso de chicotes para punir motoristas infratores. Nas páginas do YAP, essa atitude é rechaçada por confirmar, diante dos olhos dos estrangeiros e dos próprios africanos, a ideia de que os negros são "bárbaros" e "selvagens", ideia contra a qual os membros da organização lutavam veementemente, usando um arsenal de referências como os livros *Black Man of the Nile,* de Yosef bem Jochanaan e *Stolen Legacy* de G.M James.

A primeira página do *YAP News,* desenhada por Lemi Ghariokwu, destaca soldados chicoteando um homem em meio ao caos urbano: obras, pontos de ônibus lotados, lixo e etc.

Fela Kuti: contracultura e (con)tradição na música popular africana

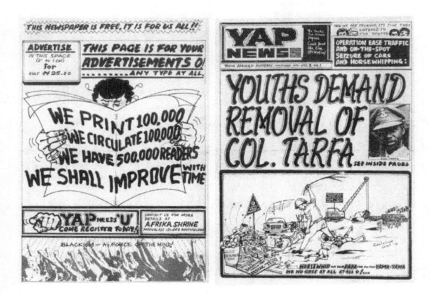

Páginas do jornal YAP News. Fonte: Arquivo pessoal de Lemi Ghariowu.

Em posição de destaque na imagem acima podemos ler a frase "YAP precisa de você! Venha registrar-se hoje!" Um apelo para que outros jovens entrassem para organização. Abaixo pode-se vislumbrar a capa e a contracapa da carteirinha para filiação na organização:

Capa e contracapa da carteirinha de filiação da YAP. Fonte: Arquivo pessoal de Lemi Ghariowu.

O detalhe com a frase "Um movimento político para criar consciência cultural e econômica entre os jovens africanos".

Páginas da carteirinha de filiação da YAP. Fonte: Arquivo pessoal de Lemi Ghariowu.

Fela Kuti: contracultura e (con)tradição na música popular africana 101

A organização foi banida pelo General Olusegun Obasanjo após os violentos ataques à Kalakuta em 1977. Porém antes de ser banida, artistas como Tunde Orimogunje e Lemi Ghariokwu puderam iniciar uma carreira de sucesso. No caso de Ghariokwu, este sucesso foi catalisado pela notoriedade que ganhou ao produzir um grande número de encartes para os LPs da banda Afrika 70 e, posteriormente, Egypt 80.

Se um dia, por acaso, você estivesse passando por uma loja de discos e encontrasse, perdido em alguma prateleira, um disco da banda Afrika 70 gravado após o ano de 1974, com certeza sentiria um impacto imenso, mesmo antes de escutá-lo. As capas foram, com o passar dos tempos, tornando-se tão famosas quanto a própria música que pretendiam divulgar.

Tejumola Olanyian[48] entende o Afrobeat como uma música que busca intensamente relacionar olhos e ouvidos, visão e audição. Este autor aponta que é justamente a partir do ano de 1974 que as capas dos discos de Fela Kuti passam a apresentar uma preocupação artística, marcando a própria mudança de posicionamento político vivida pelo músico.

Antes deste período, as capas da banda Afrika 70, como a maioria dos discos disponíveis no mercado fonográfico, tinham a função e o objetivo de divulgar a música e as ideias contidas no álbum, assim como os próprios músicos que eram o foco central das capas dos LPs e, posteriormente, dos CDs. Os encartes precisavam ser claros, objetivos e ilustrativos, deveriam conter o nome do músico ou da banda a ser divulgada, assim como o nome das canções que ali estavam reproduzidas, o logotipo da gravadora, o nome da equipe de trabalho, enfim, todas as informações técnicas necessárias, acompanhadas de fotografias ou imagens.

São anteriores a 1974 LPs como o *Music of Fela – Roforofo Fight*[49] lançado pelo selo nigeriano *Jofabro*, em 1972. Na capa apresentada abai-

---

48   OLANYIAN, Tejumola. *Op. cit.*, p.124-140

49   Capa original disponível em <http://biochem.chem.nagoya-u.ac.jp/~endo/ EAFela.html>,*site* que contém a discografia de Fela utilizada na biografia escrita

xo, já desgastada pelo tempo, podemos ver os recursos gráficos usados para destacar a figura de Fela: roupas brancas em um fundo escuro, nenhum tipo de poluição visual ou algo que tire a atenção da imagem do artista. O título do LP está em destaque, assim como o selo e o logotipo da gravadora. A contracapa, que mostra Fela Kuti cantando em um palco, retratado de corpo inteiro, segue a mesma concepção e inclui o título das músicas que compõem o disco – *Roforofo Fight, Trouble Sleep Yanga Wake Am, Question Jam Answer e Go Slow*.

LP Fela and the Africa 70. Roforofo Fight. Jofrabro, Nigéria, 1972. Fonte: http://biochem.chem.nagoya-u.ac.jp/~endo/EAFela.html

É também deste período capas como a de *Shakara*, um dos discos mais famosos de Fela, lançado no mesmo ano que *Roforofo Fight* pela EMI nigeriana. Neste encarte podemos ver a imagem de várias mulheres ajoelhadas, com os seios à mostra e posicionadas de maneira que formassem o mapa da África e o número 70, em alusão ao nome da banda. Fela, vestido somente com uma cueca, está sentado no centro do círculo formado pelo número zero. Como destaca Olanyian,

---

por Carlos Moore, acessado em 04/06/2014.

Fela Kuti: contracultura e (con)tradição na música popular africana   103

o uso de mulheres, sexo, voyeurismo e excitação – eram (e continuam sendo) práticas estandardizadas da indústria, especialmente na mais abrangente indústria fonográfica euro-americana, da qual a Nigéria era (e continua sendo) um mero apêndice. O final da década de 60 e a década de 70 foram a era de uma explosão erótica nas capas dos discos na Europa e na América. O disco Electric Ladyland de Jimi Hendrix, lançado em 1968, mostra na capa, um grupo de mulheres nuas sentadas.[50]

Como fica claro, Fela reproduziu em suas capas padrões estandardizados pela indústria fonográfica, como o apelo sexual e erótico.

O disco que inaugura a fase de mudanças é *Alagbon Close*, gravado pelo selo Jofabro em 1974 e considerado o primeiro com canções de embate contra as autoridades estatais nigerianas. A capa, produzida pelo jovem e até então desconhecido desenhista Lemi Ghariokwu, retrata o polêmico período em que Fela esteve pela primeira vez encarcerado na prisão que dá nome ao disco. Sobre este fato Fela declara:

> Meu primeiro choque com a turma "da lei e da ordem" foi em 30 de abril de 1974. Não consigo esquecer essa data, cara! Ah, que desgraçados! Eu tava na minha casa em Surelere. Naquela época, ainda não era cercada de arame farpado, saca? Eu não tinha nada a temer. Na verdade, eu nem pensava que pudessem ter alguma coisa contra mim. Eu tava só pregando a revolução pra África, saca? Eu não sabia que tavam tramando contra mim, cara. Então, minha casa era aberta; eu não tinha uma cerca ou um portão. Aí

---

50 OLANYIAN, Tejumola. *Op. cit.*, p.126. Do original: "the use of women, sex, voyeurism and titillation – was (and remains) standard industry practice, especially in the larger Euro-American recording world of wich Nigeria was (and remains) a mere appendage. The late 1960s and 1970s also happened to be the era of widespread explosion of erotic album covers in Europe and America. Jimi Hendrix's Electric Ladyland, released in 1968, features a group of seated naked women on the cover."

quando aqueles filhos da puta vieram me prender por causa da maconha, não tiveram trabalho nenhum pra entrar...[51]

Como este trecho da biografia de Fela revela, sua primeira clausura foi causada por ser assumidamente um usuário de maconha, uma vez que o consumo desta droga em solo nigeriano poderia acarretar longos dez anos de prisão. O impacto do aprisionamento, junto de vários membros de sua banda que também portavam a droga, levou Fela a reflexões importantes sobre a sociedade, a criminalidade e a marginalidade.

Após os primeiros dez dias na cadeia, Fela passa a assumir atitudes que o colocam ao lado dos grandes ícones da contracultura, tanto pelo deboche e descaso no que se refere aos padrões socialmente estabelecidos, quanto pelo ativismo político, que irá marcar o restante de sua vida e carreira artística.

O encarte de *Alagbon Close*[52] revela magicamente este momento, mostrando a figura central do músico, vestido de branco, libertando-se de correntes que prendiam seus braços. Uma aura o envolve, assim como a *República de Kalakuta*, erigida em cima de uma grande rocha, ao fundo e acima, do lado esquerdo da ilustração. Ao fundo, à direita, podemos vislumbrar uma *Alagbon*[53] diminuída e apagada, rodeada de labaredas de fogo. A prisão foi colocada em uma posição desfavorecida em relação à *Kalakuta*. Abaixo de Fela, ocupando também o centro da imagem, uma gigantesca baleia destrói um barco de patrulha policial, do qual policiais são lançados ao mar. Na contracapa, podemos ver fotos de Fela atrás de cercas de arame farpado. Esta imagem épica, coloca o músico como um

---

51 MOORE, Carlos. *Op. cit.*, p.133

52 Imagem reproduzida do LP original do acervo de Carlos Moore, que esteve exposto a partir de 18 de maio de 2013, no Museu Afro Brasil, no Parque Ibirapuera – São Paulo. Os discos foram doados e agora são parte do acervo deste museu. Entretanto, esta imagem (entre outras), foram gentilmente cedidas por Ramiro Zwetsch.

53 Ver nota 4 do capítulo 1

super-homem, um ícone que pretendia libertar todo povo africano. Este ato de quebrar metaforicamente as correntes, retratado por Ghariokwu revela o potencial contracultural do músico que será levado até as últimas consequências.

LP Fela Ransome Kuti and Africa 70. Alagbon Close. Jofabro, Nigéria, 1974.
Fonte: Arquivo pessoal de Carlos Moore.

Ken Goffman e Dan Joy, na tentativa de definir contracultura, afirmam que apesar da diversidade que marca os movimentos contraculturais através da história, algumas características estão presentes em todas elas: 1) afirmam a precedência da individualidade acima de convenções sociais e governamentais; 2) desafiam de maneira óbvia o autoritarismo, mas também de maneira sutil e 3) defendem mudanças sociais e individuais.[54]

---

54   GOFFMAN, Ken. JOY, Dan. *Contracultura através dos tempos* – do mito de Prometeu à cultura digital. Rio de Janeiro: Ediouro, 2007. p. 50

Os aspectos do comportamento contracultural de Fela inspiram-se, em um primeiro momento, no movimento negro e na contracultura estadunidense da década de 60 e 70. Contudo, suas atitudes foram tomando feições distintas à medida que Fela amadurecia suas próprias concepções de negritude e pan-aficanismo, criando um ambiente contracultural específico em solo africano, que dialogava diretamente com os jovens, principalmente na cidade de Lagos, como vimos, através da criação do YAP e do MOP.

Em meados do século XX várias mudanças estrondosas ocorreram em diversas partes do mundo, ecoando até os dias atuais. Na Europa, o ano de 1968 marca uma possibilidade vívida de revolução em países como a França. Neste país os protestos e manifestações iniciaram-se com um grupo de estudantes universitários que, na tentativa de organizar protestos contra a Guerra do Vietnã, foram acossados pelas forças policiais. Privados do direito de expressão e reunião, os jovens iniciaram uma batalha campal cercando as viaturas e os guardas que os atacaram, fato que alertou toda a população e desencadeou uma onda de protestos por todo o país. Quando dez milhões de trabalhadores entraram em greve e alguns destes tomaram o controle das fábricas, a revolução pareceu um sonho possível, e a renúncia do então presidente Charles de Gaulle, algo plausível.

Nos Estados Unidos, jovens encontravam a "iluminação" através do uso de drogas psicodélicas, a experiência transcendental buscada em religiões e filosofias não-ocidentais como o taoísmo e o budismo se uniam à ideia de autonomia sobre o próprio corpo e mente. A sociedade ocidental parecia entrar em colapso absoluto, era necessário expandir a mente para receber os novos dias que viriam. O amor livre, a liberdade sexual, a oposição à Guerra do Vietnã, a abertura da mente e das "portas da percepção" pelo uso de drogas como o peyote, a mescalina e principalmente o LSD, foram só alguns dos atos e ideias hippies e esquerdistas que chocaram a sociedade estadunidense em pleno período de Guerra Fria e de paranoia conservadora. Surgiram os arautos dos novos tempos, jovens sonhadores que deram um colorido diferente às ideias dos beatni-

Fela Kuti: contracultura e (con)tradição na música popular africana 107

ks da década anterior. Desapegados dos valores pregados pela geração de seus pais, artistas como Jimi Hendrix e Janis Joplin marcavam uma mudança significativa nos padrões da indústria fonográfica, que tinha agora o Rock como "carro chefe". Assim como seus correspondentes ingleses – Beatles, Rolling Stones e Pink Floyd – estes jovens artistas revolucionaram a história da música popular com seus experimentalismos e visão de mundo.[55] Entretanto, uma face consideravelmente mais crua e dura da contracultura da década e 60 é a que mais se harmoniza aos nossos objetivos neste momento.

Nos bairros pobres da periferia de cidades estadunidenses como Newark, Nova Jersey, Detroit e Oakland, os Panteras Negras "faziam toda a América, tanto negra quanto branca, se borrar (...)".[56] A realidade dos jovens brancos hippies e esquerdistas contraculturais não era de maneira alguma a mesma com a qual se deparavam os negros, realidade duramente trazida à tona através livros como *Abutre* de Gil Scott-Heron, que retrata o difícil cotidiano de jovens na periferia de Nova York tentando se equilibrar na corda bamba da vida – que tinha bem abaixo, à espera da queda – policiais de um lado e traficantes do outro. Não, neste caso – realmente – a revolução não seria televisionada.

A segregação racial, nesta época, não possuía o respaldo legal dos anos anteriores, já que desde os anos 1950 as leis segregacionistas foram extintas nos Estados Unidos, o que não mudou sobremaneira a discriminação e o preconceito racial que muitas vezes se manifestava na forma de massacres violentos. Manifestações pacíficas tornaram-se comuns pelas ruas americanas durante a segunda metade da década de 60 e por toda década de 70,

> As mobilizações atingiram o ápice entre os meses de junho e agosto de 1963. O Departamento de Justiça registrou mil, quatro-

---

55 Sobre contracultura na década de 60 do século XX ver: *Ibid.*, p. 271-337

56 *Ibid.*, p. 302.

centas e doze manifestações distintas e mais de quinze mil prisões devido a protestos ocorridos em cento e oitenta e seis cidades do país. Em agosto de 1963, uma passeata conhecida como Marcha de Washington levou mais de duzentas mil pessoas a ouvirem Martin Luther King Jr.[57]

Na maioria das vezes, essas manifestações eram reprimidas com violência pelas forças policiais, fato que contribuiu para o fortalecimento do movimento negro e para atitudes mais efetivas de combate.

Como tentativa de proteger as comunidades que sofriam com a violência policial, foi criado em 1966 o *Partido dos Panteras Negras para Autodefesa*, fundado por Huey Newton e Bobby Seale, que tinha como principal intuito acompanhar de perto as atividades dos policiais para afiançar que estes trabalhassem corretamente, garantindo a segurança da população negra. Obviamente, essa situação causou um grande desconforto e foram vários os combates entre a polícia e os membros dos Panteras Negras.[58]

Outro importante acontecimento para a luta pelos direitos civis foi a criação do SNCC (Comitê de Coordenação Não-Violenta Estudantil, na sigla em inglês) e o início das campanhas pelo chamado "Black Power". Além do Partido dos Panteras Negras, destacam-se nomes de importantes ativistas como o de Malcom X, militante que estimulava os jovens negros a estudar a história de seus antepassados africanos e decidirem seus próprios futuros. Malcom X foi assassinado em 1965, mas sua autobiografia tornou-se um guia e um paradigma para muitos jovens negros em todo mundo e também uma grande influência na vida e na obra de Fela Kuti.

Como vimos, a pedra fundamental que está na origem do processo de ressignificação da identidade negra e da luta pelos direitos civis

---

57 ALVES, Amanda Polomo. Do Blues ao movimento pelos direitos civis: o surgimento da "blackmusic" nos Estados Unidos. Revista de História 3,1, (2011), p. 50-70.

58 GOFFMAN, Ken. JOY, Dan. *Op. cit.*, p. 300

Fela Kuti: contracultura e (con)tradição na música popular africana   109

da população negra é justamente o pan-africanismo, surgido da mente e convicção dos pensadores e artistas da *Renascença do Harlem*.[59] Como apontam Goffman e Joy,

> Em meio à grande orgia americana de bem-estar material e sua saturnália cultural jovem, suas comunidades [dos jovens negros] ainda eram pobres, preconceituosamente policiadas por forças totalmente brancas e marcadas pelas cicatrizes da escravidão e da discriminação. Cansados do papel de suplicantes, os jovens radicais negros começaram a estudar história africana e americana e a amplificar sua diferença e a sensação de distanciamento da cultura branca dominante.[60]

Foram realizados diversos congressos sob a influência deste movimento, sendo que o mais importante deles foi, como citamos no capítulo anterior, o V Congresso Pan-Africano, realizado em Manchester, em 1945. Neste congresso houve uma remodelação do eixo das discussões, uma vez que foi composto majoritariamente por africanos. Os negros da África, em uma tendência geral, estavam buscando tomar as rédeas de sua própria reconfiguração identitária, que até aquele momento era levada a cabo pelos estadunidenses, ou "africanos na diáspora". Muitos destes pan-africanistas foram os líderes dos processos de independência no Continente Africano. Compartilhando desta onda de incríveis mudanças em nível mundial, essas independências tiveram início principalmente na década de 50, dilatando-se por toda a década de 60, até que na década posterior, a maior parte do continente estivesse livre.[61]

---

59 Sobre a Renascença do Harlem ver: ADÃO, Deolinda. *Diálogos transatlânticos:* africanidade, negritude e construção da identidade. Revista do Núcleo de Estudos de Literatura portuguesa e africana da UFF, VOL 4, N° 7, Nov. 2011.

60 GOFFMAN, Ken. JOY, Dan. *Op. cit.,* p. 300.

61 Sobre as independências no continente africano ver: HERNANDEZ, Leila Leite. *Op. cit.*

Como vimos, a ideia de contracultura pode assumir diferentes faces, na Nigéria da década de 70, com certeza, sua face mais evidente era o Afrobeat de Fela Kuti, sempre presente nas manchetes de jornais, principalmente no *The Punch*, famoso por acompanhar de perto as atitudes do músico.[62]

Seu pan-africanismo e negritude podem ser considerados a característica mais marcante de seu posicionamento contracultural, pois a cultura que se relacionava diretamente com o poder, desde o período colonial, era a branca e europeia. Todos seus atos públicos e posicionamentos políticos são desdobramentos e aprofundamentos destes dois conceitos fundamentais, que podem ser verificados em posturas como o uso de maconha, a crítica ao racismo, ao embranquecimento da pele, e à mentalidade colonial.

Em 1975 Fela, a exemplo de Malcom X, muda seu próprio sobrenome, excluindo o *Ransome*, um sobrenome europeu, e acrescenta o *Anikulapo*, que literalmente significa "Tendo controle sobre a morte". Seu novo nome completo – Fela Anikulapo-Kuti – "aquele que emana grandeza, que tem controle sobre a morte e que não pode ser morto pelo homem",[63] se transforma em uma petulante ameaça ao *status quo* nigeriano. Em 20 de fevereiro de 1978, Fela casa-se com todas as vinte e sete mulheres que faziam parte de sua banda. Em uma cerimônia africana tradicional, todos os padrões de monogamia trazidos e impostos pelo colonizador foram colocados em xeque em um ato permeado de conotação política, tentando recuperar a religiosidade e os padrões sociais vividos por seus antepassados.

Esta interpenetração entre religião e política pode ser apreciada através do encarte de *Shuffering and Shmilling*,[64] produzido por Kenny Adamsom:

---

62   OLANYIAN, Tejumola. *Op. cit.*, p. 130

63   MOORE, Carlos. *Op. cit.*, p.147

64   Como em *Alagbon Close*, esta é uma reprodução do acervo pessoal de Carlos Moore. *Shuffering and Shmilling* foi lançado em 1977 na Nigéria pela Coconut

Fela Kuti: contracultura e (con)tradição na música popular africana

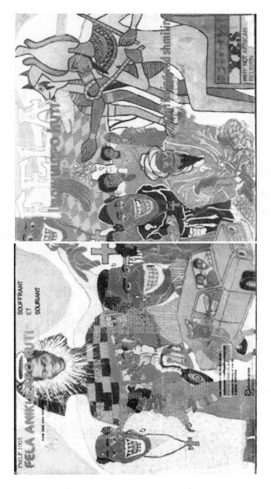

LP Fela Anikulapo-Kuti and Africa 70. Shuffering and Shmilling, Coconut, Nigéria, 1977. Fonte: Acervo Pessoal de Carlos Moore.

e na França em 1978 pela Barclay, a edição francesa contém, além de *Shuffering and Shmilling*, a música *Perambulator*. Vários originais nigerianos apresentam a tradução das letras para o francês, acredito que isso seja decorrente do fato de que Fela queria ultrapassar as fronteiras nigerianas com sua música, atingindo também os países de língua administrativa francesa que fazem divisa com a Nigéria, como Togo e Benim.

No desenho, que lembra a estética dos artistas da arte pop inglesa e estadunidense, podemos ver divindades egípcias jogando dinheiro aos líderes cristão e muçulmano. Abaixo à direita vislumbramos a frase "yes, why not African religion" (sim, por que não religiões africanas?), quase como um convite. Na contracapa, um Bispo é colocado ao lado de uma mulher segurando uma garrafa de cerveja, como tentativa de demonstrar a corrupção moral destes líderes religiosos na África. Ao fundo, temos um ônibus lotado e do lado direto, no canto inferior em primeiro plano, temos um policial segurando um chicote contra dois homens dentro de um carro, em um ato de abuso de sua autoridade. Essas imagens retratam a crítica feita pela música neste disco: enquanto o Bispo e o Imã vivem na abundância, o povo africano sofre cotidianamente. A letra da música aponta o caminho para a libertação dos africanos, que somente viria com a valorização de sua cultura que, como discutimos anteriormente, teria origem no império egípcio.[65] Acima, no plano de fundo, temos a imagem do rosto resplandecente do músico sob uma auréola, ocupando a face que seria da Esfinge. Mais uma vez, Fela coloca-se como o sumo sacerdote a ser seguido.

Em fevereiro de 1977, centenas de soldados armados invadiram a comuna de Kalakuta, incendiaram a casa e os carros, estupraram as mulheres e jogaram a mãe de Fela, a Sra. Funmilayo Anikulapo-Kuti, pela janela do primeiro andar, quebrando uma de suas pernas. Sobre este acontecimento e o processo jurídico que dele decorreu, foram compostos dois discos, um deles intitulado *Sorrow, Tears and Blood* e o outro *Unknown Soldier*. O encarte deste último merece uma análise mais aprofundada.

Unknown Soldier foi lançado em 1979 pelo selo *Phonodisk Skylark* e recebeu esse nome porque a sindicância que o governo criou para averiguar a invasão de *Kalakuta* responsabilizou "soldados desconhecidos"

---

65 Sobre o espiritualismo de Fela ver: JABORO, Majemite. *The Ikoyi Prision Narratives*: the spiritualism and political philosophy of Fela Kuti. USA: Lulu, 2012.

como os autores da ação. O que nos chama atenção na capa deste disco[66] criada por Tunde Orimogunje e com fotografias Femi Osunla, é o diálogo – com suas aproximações e distanciamentos – que podemos estabelecer com a obra de grandes artistas plásticos do período, tais como Richard Hamilton – um dos ícones da arte pop britânica – que buscou no cotidiano dos anúncios de revistas e manchetes de jornais, inspiração para a crítica da arte enquanto instituição.

Da mesma maneira com que Hamilton[67] tentou retratar a detenção de membros da banda *Rolling Stones* por posse de narcóticos em sua obra *Swingeing London*, de 1967-68, Orimogunje se utiliza de um grande número de recortes de jornal para retratar a invasão de Kalakuta e as atrocidades cometidas diariamente pelas forças policiais nigerianas.

Fela Anikulapo-Kuti and Africa 70. Capa do LP Unknown Soldier, Phonodisk Skylark, Nigéria, 1979. Fonte: Arquivo pessoal de Carlos Moore.

---

66 Do acervo de Carlos Moore, cedido por Ramiro Z.
67 Sobre Arte Pop ver: McCARTHY, David. *Arte Pop*. São Paulo: Cosac Naify, 2002.

Fela Anikulapo-Kuti and Africa 70. Contracapa do LP Unknown Soldier, Phonodisk Skylark, Nigéria, 1979. Fonte: Arquivo pessoal de Carlos Moore.

Na contracapa podemos vislumbrar a mãe de Fela com a perna quebrada devido ao fato de ter sido defenestrada e o pequeno texto abaixo da imagem, que ressalta a importância política de Funmilayo Kuti, carinhosamente chamada de *"Mother Africa"*.

A semelhança da linguagem utilizada como forma de expressão nestas duas obras – o encarte de *Unknown Soldier* de Tunde Orimogunje e o *Swingeing London* de Richard Hamilton – não se encerra somente no uso de colagens de manchetes de jornal, mas também na necessidade urgente de trazer a arte para o universo cotidiano. Necessidade presente no afrobeat, em sua dimensão gráfica e sonora, e também na arte pop.

Arte pop é o nome que usualmente se dá a um conjunto de obras que surgiram no período pós-segunda guerra mundial na Inglaterra e nos Estados Unidos. Na Inglaterra, os principais expoentes dessa transformação nas artes plásticas reuniram-se em torno do *Independent Group*, composto por jovens ansiosos para que a arte seguisse o mesmo caminho de democratização que a sociedade inglesa estava trilhando.

Segundo David McCarthy, "o grupo rejeitava a dificuldade misteriosa de grande parte da arte moderna anterior, assim como a crença de que arte e vida eram esferas separadas da experiência com pouco ou nenhum ponto de contato".[68] Esta ideia de que arte e vida faziam parte da mesma esfera de experiência, na prática, foi representada pela imersão destes artistas no que as pessoas tinham de mais óbvio e corriqueiro ao seu redor: revistas, filmes, televisão, música, artistas famosos, produtos disponíveis para o consumo da maioria da população, tais como garrafas de Coca-Cola ou as latas de sopa Campbell, estes dois últimos eternizadas por Andy Warhol. Enfim, era como se esta nova forma de pensar a arte pretendesse, paradoxalmente, dar "aura" a objetos comuns, quebrando em absoluto o distanciamento entre arte e indivíduo. Com certeza, nos Estados Unidos, o artista mais importante deste movimento é o emblemático Andy Warhol, que conseguiu fazer a crítica da arte enquanto instituição, colocando em museus objetos idênticos aos que qualquer cidadão poderia comprar nas redes de supermercados. O maior exemplo é a obra *Caixa de Sabão Brillo*, de 1964.

Feitas de madeira, as caixas de Warhol eram idênticas às de papelão usadas para embalar e transportar esponjas encontradas em abundância nos depósitos de supermercados. Usando a técnica da serigrafia, este artista conseguia reproduzir imagens praticamente idênticas em ritmo fabril, incorporando a lógica de produção capitalista não só na ideia que faz das caixas de Brillo verdadeiras obras de arte, mas no próprio processo de produção destas. Seu ateliê, na *East* 47ª *Street* em Manhattan, era conhecido, por sinal, como *The Factory*.[69]

Com a reprodução de objetos cotidianos, Warhol retoma o questionamento do que difere a arte da vida e força as fronteiras entre o que

---

68 *Ibid.*, p. 8

69 Sobre arte pop nos Estados Unidos e a vida de Warhol ver: DANTO, Arthur, C. *Andy Warhol*. São Paulo: Cosac Naify, 2012.

pode e o que não pode ser considerado uma obra artística, como já haviam feito os dadaístas, com seus *ready-mades,* décadas atrás.

No último capítulo do livro *Andy Warhol,* de Arthur C. Danto, intitulado *Religião e Experiência Comum,* o autor busca a religiosidade da obra do artista que dá nome ao livro. Danto acredita que existe uma analogia entre objetos artísticos e religiosos, uma vez que ambos seriam "momentos" do Espírito Absoluto, segundo seu desdobramento do pensamento hegeliano. Em certa altura ele nos diz, comparando a trivialidade da obra de Warhol com a simplicidade de objetos religiosos:

> Quantos visitantes da segunda exposição de Warhol na Stable Gallery não se perguntaram se por acaso teriam errado o endereço e entrado num depósito de supermercado? Quantos espectadores não entraram num cinema para assistir *Empire* e pensaram estar vendo na tela uma cena parada do filme, que ainda não tinha começado?
>
> Algo parecido com isso pode ser válido para determinados objetos religiosos, que acreditamos ser completamente diferentes de objetos comuns, embora disfarçados por sua trivialidade.[70]

Como discutimos no capítulo anterior, cabe lembrar que com o processo de modernização pelo qual passou a sociedade ocidental, o ser humano se tornou como que mutilado. Corpo e mente separados e alheios a uma espiritualidade sem sentido em um mundo dominado pela técnica e pela racionalidade. Desde então, buscamos maneiras de devolver à arte a função que em nossos tempos não existe mais. Desta busca, surgem obras e artistas que deixam transparecer estes paradoxos. Warhol e sua *Brillo Box* é um exemplo deste momento, Fela compartilha, à sua maneira, deste *espírito do tempo (zeitgeist)* com o desafio político de tentar devolver ao seu povo – pois essa era sua intenção – uma vivência africana não-mutilada.

---

70   *Ibid.*, p. 180

Fela Kuti: contracultura e (con)tradição na música popular africana

O engajamento de Fela, entretanto, é absolutamente mais explícito. A inclusão de elementos considerados manifestamente africanos (modalismo, canto-e-resposta, percussão), tanto em suas composições quanto em suas performances ao vivo, não funcionam somente como experimentalismos, mas como um verdadeiro símbolo de engajamento. A mesma ideia pode ser aplicada às capas que, apesar de serem produzidas através de técnicas artísticas e de uma linguagem extremamente em consonância com a época, estavam submetidas à música que pretendia divulgar e ao discurso político que direcionava toda a produção do álbum. Mais uma vez, a politização da arte.

As capas dos LP's das bandas de Fela Kuti ganham destaque e *status* de obra de arte, criando um discurso visual que atingia diretamente o público. Para Tejumola Olanyian, estes encartes pós-1974 não funcionam simplesmente como um complemento das músicas, já que aprimoram e engrandecem a obra.[71] Esta característica das capas, contudo, não dá à obra um caráter de "álbum conceitual" como foi o *Sgt. Peppers Lonely Hearts Club Band* dos *Beatles*.[72] mas sim um caráter de "álbum temático" já que há a escolha de um tema específico – geralmente eventos políticos e sociais a serem desdobrados pela filosofia de Fela – que será desenvolvido tanto na capa, quanto nas canções. Este fato, contudo, não extingue a coerência entre embalagem e conteúdo musical, ambos comprometidos estética e politicamente com a mudança criativa e com o novo.

Possibilidades de uma estética em afinidade com a diáspora e suas relações com o mercado fonográfico.

Em meados da década de 80, Fela Kuti modifica o nome de sua banda de Afrika 70, para Egypt 80, e passa a chamar seu som de "música clássica africana", justamente para se afastar da ideia de música para puro

---

71 OLANYIAN, Tejumola. *Op. cit.*, p. 129

72 Ver: FENERICK, José A; MARQUIONI, Carlos E. *Op. cit.*

entretenimento despolitizado e comercial. Entretanto, como veremos melhor no terceiro capítulo, essas mudanças fazem com que sua maneira de enxergar suas composições se aproximem do sentido Ocidental de música "erudita", ou "séria" – como diria Adorno.

> Eu quero tocar música que tenha significado, que resista ao teste do tempo... Que não seja comercial e sim profundamente africana, então, eu não quero dar-lhe esse nome barato [afrobeat].[73]

Fela utiliza-se de um termo e de um sentido presente no cânone da música Ocidental – que tem forte potencial colonizador em si – para, justamente, afastar sua obra da frívola mercadoria, aproximando-se do conceito ocidental de "obra de arte". Esse fato não pode ser compreendido diante de binarismos reducionistas como colonizador/colonizado; ocidente/oriente; branco/preto, mas pode ser melhor esclarecido se considerarmos o caráter pós-colonial das criações de Fela. Neste sentido, a questão pós-colonial traz à tona a "dupla inscrição", na qual a obra de Fela – e de tantos outros artistas africanos e da diáspora – se inserem. Necessariamente, o pós-colonial coloca as questões do "colonial" como parte do processo de globalização, forçando o deslocamento das grandes narrativas ocidentais para que "vozes periféricas", como a de Fela, sejam ouvidas.

A questão pós-colonial, como explicitamos anteriormente, tem seu valor teórico por "sua recusa a uma perspectiva do 'aqui' e 'lá' de um 'então' e 'agora', de um 'em casa' e 'no estrangeiro'".[74] O conceito, como bem aponta Homi Bhabha, "perturba o que Derrida chama estereotomia ocidental, o espaço ontológico, circunscritivo, entre o sujeito e o objeto, dentro e fora."[75] Ou seja, nos auxilia a romper o cartesianismo das

---

73 VEAL. Michael E. *Op. cit.*, p. 173. Do original: "I want to play music that is meaningful, that stands the test of time... It's no longer commercial, It's deep African music, so I no longer want to give it that cheap name [afrobeat]."

74 HALL, Stuart. *Op. cit.*, p.102.

75 BHABHA, Homi K. *O local da Cultura*. Belo Horizonte: UFMG, 2013, p. 291.

Fela Kuti: contracultura e (con)tradição na música popular africana 119

grandes narrativas eurocêntricas e nos impele para a necessidade de abrir lacunas de transversalidades, transculturalidades e transnacionalidades para a formulação de novas identidades em relação com a diáspora. Diante dessas perspectivas gostaria de propor que compreendamos a obra de Fela Kuti dentro do espectro do que Stuart Hall chama de "cultura popular negra".

Tendo em vista o fato de que a cultura passou a ocupar um local de destaque no sistema político-econômico no mundo globalizado e a arte tornou-se um bem comerciável, transformado em fetiche, Stuart Hall aponta que a discussão sobre o que seria uma cultura popular negra se dá diante de três mudanças conjunturais em curso desde os finais do século XIX: a primeira delas é justamente o deslocamento da Europa como centro irradiador da alta cultura; a segunda seria o surgimento dos Estados Unidos como potência econômica e, consequentemente, como centro de produção e distribuição global da cultura e a terceira, mas não menos significante, seria o processo de descolonização do chamado Terceiro Mundo, considerando as contribuições pan-africanas, para o que o autor chama, parafraseando Fanon, de "descolonização das mentes".

Diante destes argumentos o autor propõe a desconstrução da própria ideia de cultura popular, que teria sua base em "experiências, prazeres, memórias e tradições do povo", partindo das vivências cotidianas de pessoas comuns e suas formas de representar o mundo. Contudo, esse mesmo termo apresentaria um sentido a mais no mundo globalizado midiático:

> Como a cultura popular tem se tornado historicamente a forma dominante da cultura global, ela é, então, simultaneamente, a cena, por excelência, da mercantilização, das indústrias onde a cultura penetra diretamente nos circuitos de uma tecnologia dominante – os circuitos do poder e do capital. Ela é o espaço de homogeneização em que os estereótipos e as fórmulas processam sem compaixão o material e as experiências que ela traz para dentro de sua rede, espaço em que o controle sobre narrativas e representações passa para as mãos das burocracias cultu-

rais estabelecidas às vezes até sem resistência. Ela está enraizada na experiência popular e, ao mesmo tempo, disponível para expropriação.[76]

Mesmo disponível para expropriação, submetida a ser fetichizada e apropriada pela característica fagocitose capitalista, a cultura popular é, primordialmente, um espaço de lutas políticas e de tensão com a cultura hegemônica. É um espaço de construção estratégica de resistências. O demarcador diferencial *negro*, na formulação do autor de uma "cultura popular negra", denota justamente uma das facetas possíveis na formulação desta ideia.

A cultura popular negra estaria embebida em tradições diaspóricas que trazem à tona vivências culturais profundamente calcadas na música e na performance – no uso do corpo como o grande capital cultural. A experiência da diáspora – forçada pela escravidão e pelos movimentos de migração modernos –, permeada por um substrato de referenciais africanos, conduziu a todo um modo de ocupar o mundo (e o local do Outro). É neste sentido que podemos compreender o uso de alguns códigos culturais por Fela, como o uso do inglês pidgin, da inspiração em expressões performáticas como as danças "tradicionais" e a *yabis music*, o uso abundante de metáforas como forma de construção do discurso musical, o uso repetido de ostinatos com o intuito de causar a sensação de transe coletivo e a própria ritualização da apresentação ao vivo. Isso se considerarmos a música de Fela sempre atravessada pelo pensamento pan-africano e então, necessariamente, diaspórica. Segundo Hall, "na cultura popular negra não existem formas puras".[77]

A questão da tecnologia e do mercado está necessariamente subentendida no termo cultura popular negra. Entretanto, enquanto espaço de luta política e formação de identidades, nos cabe ainda verificar

---

76 HALL, Stuart. *Op. cit.*, p. 323.

77 *Ibid*, p. 325.

Fela Kuti: contracultura e (con)tradição na música popular africana 121

– considerando o caso de Fela Kuti – como esse músico reagiu às imposições do mercado fonográfico em um mundo globalizado. Para isso vamos acompanhar as conclusões apresentadas no livro *African All Stars* de May e Stapleton.[78]

Segundo Chris Stapleton e Chris May, a história da indústria de discos no continente africano começa em 1912, quando Mr. J. Muir, um funcionário representante da Gramophone – que posteriormente passaria a chamar-se EMI – pegou suas malas e desceu a costa oeste do continente à procura de novos mercados e possibilidades de criação de uma indústria de gravação. A ideia de Muir era fazer com que as Companhias de Comércio europeias, tais como a *African Association, Swanzy's, Millers* e a *Patterson*, que há tempos haviam se estabelecido no continente, vendessem seus produtos, o que incluía, além dos discos, gramofones de cordas e agulhas.

A Columbia teve a mesma ideia, assinando um contrato com Cias de Comércio para vender seus produtos no Senegal e Congo. Não havia ainda uma indústria local estabelecida e os discos vendidos eram, de início, primordialmente europeus.

> Mas vender discos britânicos para homens de negócio africanos, professores, administradores, ou para os governos coloniais, era somente parte do plano. O segundo passo era gravar a abundante música local africana como um meio de construir mercados nas cidades que rapidamente se expandiam.[79]

---

78 STAPLETON, Chris; MAY, Chris. *African All Stars* – The pop music of a Continent. London: Quartet Books, 1987.

79 *Ibid*, p. 259. Do original: "But, selling British records, either to African business people, teachers and administrators, or to colonial rulers, was only part of the plan. The second step was to record Africa's abundant local music as a way of building up sales in continent's rapidly expanding towns."

Este segundo passo – gravar o rico repertório de músicas locais, se deu, no início, por meio das atividades da Zonophone (companhia controlada pela Gramophone desde 1903), que estabeleceu, em 1912 uma fábrica na Índia e iniciou o processo de lançamento de músicos na Índia, China e África do Sul. Em 1914 a companhia expandiu seus mercados para o oeste africano e um dos primeiros discos a serem gravados na Nigéria apresentava o Reverendo J.J Ransome-Kuti (antepassado de Fela Kuti) cantando hinos e músicas patrióticas acompanhado de piano.

Ainda na década de 20 cresceu a competição pelo mercado africano com a entrada de empresas como a Decca e houve um aumento da demanda pela música autóctone gravada nas línguas locais e estilos musicais como o highlife, o primeiro grande sucesso de mercado da África ocidental. Engenheiros de som eram enviados ao continente e as gravações eram levadas para serem prensadas na Europa, sendo reenviadas em três ou quatro meses. Esse era o *modus operandi* das companhias fonográficas na África, até que na década de cinquenta foram criados os primeiros estúdios de gravação, no caso da Decca, primeiramente em Acra e depois em Lagos.

Com os processos de independência surgiram os primeiros estúdios africanos, como o Ambassador Studios em Kumasi que, todavia, não conseguiam fazer frente às companhias estrangeiras. A Decca concentrou suas operações, na década de 60 em Lagos e controlou o mercado iorubá, gravando estrelas do apala e juju music – estilos musicais populares no oeste africano – como Haruna Ishola e king I. K. Dairo. A Philips estabeleceu-se em Onitsha, construindo um grande repertório de highlife. Já a EMI, após 1964, carrega seus negócios para a cidade de Jos, facilitando a comunicação e adaptação de uma equipe vinda primordialmente da África do Sul, e retornando posteriormente – com a Guerra da Biafra – a Lagos.

Essa concentração de estúdios na Nigéria é um resultado do *boom* do petróleo no país, que iniciou um período de crescimento econômico

Fela Kuti: contracultura e (con)tradição na música popular africana

e urbano sem precedentes, atraindo o interesse de multinacionais como Shell, Texaco, Mobil e Chevron. Como aponta Michael E. Veal,

> Lagos cresceu dentro do centro da indústria musical da África Ocidental, com multinacionais como Decca e EMI embarcando em uma política de nigerianização, usando o país como base industrial e administrativa para as suas atividades regionais. Diversas empresas locais surgiram no intuito de gravar a grande variedade de bandas locais. Prósperas e aclamadas estrelas surgiam, tais como Sunny Ade, Ebenezer Obey, Sonny Okosuns, Victor Uwaifo, Prince Nico Mbarga, e Stephen Osita Osadebeque que se aproveitaram, neste período, dos resultados do crescimento econômico nigeriano abastecido pelo petróleo (...) e da emergência de uma vibrante cultura jovem, particularmente nas cidades.[80]

No cerne desta indústria florescente, o estilo que mais se vendia na década de 60 era, com certeza, o *highlife*, que se nutriu do crescimento e enriquecimentos das elites locais. Esse *boom* do *highlife* foi precedido por uma grande vendagem de música afro-latina no período imediatamente após Segunda Guerra Mundial, este fato importa, pois, foi justamente a música afro-latina um dos maiores referenciais do *highlife* e, posteriormente, do afrobeat.

---

80 VEAL. Michael E. *op.cit.* p. 79. Do original: "Lagos itself grew into the center of West Africa's music industry, as multinational recording companies such as Decca and EMI embarked on a policy of "Nigerianisation", using the country as industrial and administrative base for their regional activities. Scores of privately owned local companies also sprung up overnight to release records by the growing number and variety of local bands. The prosperity and acclaim that emerging Nigerian pop stars such as Sunny Ade, Ebenezer Obey, Sonny Okosuns, Victor Uwaifo, Prince Nico Mbarga, and Stephen Osita Osadebe would enjoy during this period were the result of the rapid, petroleum-fueled growth of the Nigerian economy (...) and emergence of a vibrant Nigerian youth culture, particularly in the cities".

Disseminada fortemente através do rádio – que teria aparecido no continente africano em 1924 – a música latina e principalmente cubana – estava entre as mais tocadas, além dos ritmos locais. Rumbas, chachas, boleros e mambos vindos de Havana teriam virado uma febre nas rádios da África ocidental. Segundo May e Stepleton esse fato tem um significado especial, uma vez que "a música cubana tinha um sabor familiar, principalmente nos ritmos, que se mantinham essencialmente africanos".[81] A EMI teria gravado as "GV" séries que consistem em aproximadamente 200 títulos que incluíam calypsos, congas, boleros e sambas, conhecidos como "*Spanish records*" que alcançaram uma boa vendagem na África ocidental.

A explicação dos autores para o sucesso da música cubana no continente africano reside no fato de que – além de serem ritmos diaspóricos e possuírem esse vital "*sabor africano*" – ela teria se favorecido do nascimento, após a Segunda Guerra Mundial, de uma autoconsciência africana que iria encontrar seu ápice, como vimos, nos processos de independência. Desta forma, "O boom latino com sua autoconfiança tropical, era simbólico de uma nova era".[82]

A referência à música afro-latina é marcante no highlife, no highlife jazz, estilo desenvolvido por Fela em uma de suas primeiras bandas, a Koola Lobitos (que até no nome possuía alguma latinidade), e também no próprio afrobeat, principalmente nas canções gravadas no início da década de 1970.

Michael E. Veal aponta que as inovações iniciadas na década de 1960 – com toda aquela florescente cena artística impulsionada pelo *boom* do petróleo continuou na década de 1970. A música soul de James Brown eclipsa o highlife em termos de popularidade enquanto outros grupos e músicos estrangeiros passam a ganhar notoriedade no con-

---

81 *Ibid*, p. 20. Do original: "Cuban music had a familiar flavor, particularly in its rhythms, wich were still essentially African".

82 *Ibid*. Do original: "The Latin boom, with its tropical self-confidence, was symbolic of a new era."

Fela Kuti: contracultura e (con)tradição na música popular africana 125

tinente, como é o caso do músico Carlos Santana e sua Santana Blues Band, da banda Cream, da Jimi Hendrix Experience, influenciando o surgimento de grupos como Osibisa, Sonny Okosuns e o Monomono de Johnny Haastrup.

Este movimento é recíproco, uma vez que muitos músicos estrangeiros viram o continente africano e sua diversidade musical como uma grande fonte de inspiração. É o caso, por exemplo, do baterista Ginger Baker, da banda inglesa Cream.

Cream era uma banda de blues-rock que surgiu da união de três grandes músicos: o guitarrista Eric Clapton, o baterista Ginger Baker e o contrabaixista Jack Bruce. A Cream, segundo Berendt,[83] tornou-se um supergrupo que durou pouco, apenas entre os anos 1967 e 1968. Após a década de 70, com a dissolução da banda, o baterista Ginger Baker passou a maior parte de seu tempo na Nigéria, à procura de novos ritmos, novas formas de fazer música, iniciando parcerias com os músicos locais. Fela e Baker chegaram a gravar conjuntamente o disco *"Live!"*[84] lançado pela Zonophone na Inglaterra no ano 1971, onde aparecem canções como *"Let's Start"*, *"Black Man's Cry"*, *"YeYe De Smell"* e *"Egbe Mi O"*, trazendo Fela e a banda Afrika 70 com Baker na bateria. A parceria foi extremamente profícua e quase resultou em uma turnê pela Europa, não fosse o fato de Fela e posteriormente Baker, terem sido presos por porte de maconha.

---

83 BERENDT, Joachim E. *O Jazz*: do rag ao rock. São Paulo: Perspectiva, 1975, p. 339.

84 O encarte aqui reproduzido faz parte da coleção de Carlos Moore. Imagem cedida por Ramiro Zwetsch.

Fela Ransome Kuti and Afrika 70. LP Live! Zonophone, Inglaterra, 1971. Fonte: Arquivo pessoal de Carlos Moore.

Ginger Baker chegou a montar um estúdio de gravação em Lagos, inaugurado em janeiro de 1973, chamado Batakota. O auge da notoriedade do Batakota ocorreu quando Paul McCartney foi à Nigéria para gravar ali com parte sua banda Wings o disco Run. Entretanto, o estúdio não teve vida longa, diante de ameaças da multinacional EMI.[85]

Esse interesse de empresas e artistas no continente africano – e outras partes de mundo não Ocidental – não é por acaso, e está dentro do surgimento do fenômeno da World Music.

Segundo Michel Nicolau Netto, World Music é um termo usado tanto pelo mercado fonográfico quanto pela academia, entre os etnomusicólogos, de formas bastante distintas. Enquanto para as gravadoras este termo servia para organizar as especialidades e definia uma área ou nicho de marcado, para os etnomusicólogos era mais descritivo e se referia a um objeto em especial, que a musicologia em si havia negligenciado.[86]

Citando o *Oxford Dictionary of Musical Terms* o autor aponta que o termo se refere às diversas músicas locais do mundo, à música de mino-

---

[85] Informações contidas no site oficial de Ginger Baker: <http://www.gingerbaker.com/> acessado pela última vez em 19/07/15.

[86] NICOLAU NETTO, Michel. *O discurso da diversidade e a World Music*. São Paulo: Annablume, Fapesp, 2014, p. 206-207.

rias étnicas não-ocidentais e às fusões que se deram entre músicas "tradicionais" e o rock e o pop contemporâneos.[87]

Nicolau Netto afirma que o termo passou a ser utilizado no mercado fonográfico na década de 80, para catalogar produtos que não se encaixavam nas produções anglo-americanas, tornando-se um grande guarda--chuva para tudo que não era visto como "ocidental". Entretanto, a ideia de World Music é atravessada por processos de valorização da diferença, relacionando-se com o discurso da diversidade. Neste sentido, o rótulo de mercado relaciona-se com o surgimento do chamado *multiculturalismo*.

Stuart Hall aponta que o termo multiculturalismo possui múltiplas significações e que seu uso só pode ser usado "sob rasura". O termo se refere, de forma geral, a "estratégias e políticas adotadas para governar ou administrar problemas de diversidade e multiplicidade gerados pelas sociedades multiculturais". Entretanto, o sufixo – *ismo* traz em si uma série de complicações:

> Na verdade, "multiculturalismo" não é uma única doutrina, não caracteriza uma estratégia política e não representa um estado de coisas já alcançado. Não é uma forma disfarçada de endossar algum estado ideal ou utópico. Descreve uma série de processos e estratégias políticas sempre inacabadas.[88]

Assim, podem existir formas distintas de "multiculturalismos" que divergem absolutamente em seus direcionamentos, como o multiculturalismo conservador, o corporativo, o pluralista, o comercial, o crítico e etc. Ao mesmo tempo que o surgimento do multiculturalismo pôde trazer à tona a questão da diversidade cultural e dos processos de criação identitária, o termo abriu espaço para uma noção liberal e mercadológica da diferença, trazendo uma visão eurocêntrica do "Outro" a ser consumida.

---

87   *Ibid*, p. 211.

88   HALL, Stuart. *Op. cit.*, p.50.

Tendo em mente estas questões podemos traçar duas direções para a ideia de World Music: enquanto grandes gravadoras e o mercado *mainstream*, oferecem o "Outro" no intuito de oferecer o *exótico* fetichizado e não dialógico; há uma tendência à fusão entre estilos musicais e à busca por experimentalismos presentes em músicos como o próprio Fela, Ginger Baker, os Beatles, Miles Davis, entre outros, que apresentam de forma bastante profícua o diálogo entre diferentes matrizes culturais. A relação entre essas duas direções poderia – ou não – ser conflituosa.

O exótico, como aponta Nicolau Netto, deve ser compreendido dentro do imperialismo europeu, num mundo organizado e dominado econômica e politicamente pela Europa. O termo teria surgido em 1599 e se tornado complexo e abrangente, legitimando as relações da "Europa com o *resto do mundo*", de forma hierárquica e classificatória, no século XIX. Entretanto, no mundo globalizado, onde a Europa e a arte europeia não ditam mais as regras no que se refere à cultura, o exótico perde seu poder organizador.

> Mas não sejamos inocentes nesse ponto. Tanto a história quanto a arte ainda possuem na Europa e nos Estados Unidos seu espaço mais legítimo de consagração. O que muda agora, contudo, é que a cultura europeia não mais detém, com o fim do imperialismo, as mesmas condições de operar um discurso universal vinculativo. Por consequência, o exótico, como o de fora dessa narrativa que a ela é integrado por manipulação dos próprios representantes da narrativa, assim, perde outra de suas referências. Na verdade, ele agora pode ser o de fora e o de dentro das diversas narrativas.[89]

Em sua primeira turnê aos Estados Unidos, como vimos no primeiro capítulo, Fela deparou-se justamente com a questão do exótico enquanto algo que atraía as plateias ocidentais. Sua banda Koola Lobitos, tocando highlife jazz, não era exótica o suficiente para atrair a atenção

---

89 NICOLAU NETTO, Michel. *Op. cit.*, p. 95.

do *mainstream* americano. E o afrobeat, antes de marcar uma mudança ideológica, marcou uma tentativa adentrar ao mercado fonográfico americano e, consequentemente, o internacional.

A indústria fonográfica impunha padrões nos quais Fela quis se enquadrar neste primeiro momento, mas que, com o passar do tempo e com o desenvolvimento de sua consciência pan-africana, seu aspecto contracultural e de sua radicalidade política, foi se tornando desinteressante e indesejável. Fela passa, inclusive, a denunciar a exploração das multinacionais do ramo fonográfico dentro do continente africano.

Entre os dois direcionamentos que apresentamos anteriormente, Fela passa a se afastar do grande mercado da música, para se aproximar cada vez mais do experimental, de uma música que não fosse somente um mero entretenimento.

Na década de 70, após o ataque em Kalakuta, Fela recebeu uma carta da Decca, vinda diretamente de Londres, reproduzida por Sola Olorunyomi e que citaremos aqui:

> Nosso escritório central em Londres nos aconselhou a solicitar que você corrija STB/Colonial Mentality e Observation, Frustration of My Lady, retirando as palavras censuráveis. Eles gravarão as duas músicas caso expressões como POLÍCIA ESPANCANDO MULHERES E SOLDADOS AGREDINDO PESSOAS e UM JUIZ USANDO PERUCA E VESTIDO SENTENCIANDO SEUS IRMÃOS À CADEIA sejam removidas de STB.[90]

---

90 OLORUNYOMI, Sola. *Op. cit.*, p.58. Do original: "Our London Headquarters has advised us to get you to correct STB/Colonial Mentality and Observation, Frustration of My Lady, by removing the objectionable words. They will be happy wax and release the two records if words like "POLICE BEATING A WOMAN AND SOLDIERS ASSAULTING PEOPLE, and A JUDGE WEARING WIG AND GOWN AND SENTENCING HIS BROTHERS TO JAIL are removed from STB." STB significa, no caso, *Sorrow, Tears and Blood*.

Fela recusou-se a aceitar as mudanças propostas pela empresa e lançou o álbum *Sorrow Tears and Blood*, contendo a música de mesmo nome além de *Colonial Mentality*, pelo selo Kalakuta Records, criado pelo músico e pela organização Afrika 70.

Seguindo a lógica da World Music, havia um crescente interesse internacional na música africana, alimentado na década de 60 por estrelas como Masekela e Makeba, e na década de 70 por Manu Dibango. Como aponta E.Veal, com o crescimento da influência de músicos como Franco, do Zaire e Fela Kuti, havia a ideia de que a música africana se tornaria a próxima grande tendência mercadológica, seguindo um caminho aberto pelo reggae de Bob Marley e pelos próprios artistas experimentais nos Estados Unidos e Europa, como David Byrne e Brian Eno.[91]

Após a morte de Bob Marley, o presidente da *Island Record* estava à procura de um novo ídolo internacional e Fela apareceu como uma aposta possível. Entretanto, a atitude do músico diante dos conselhos de seus produtores impediu que essa aposta se concretizasse. Os produtores sugeriram que:

> Primeiro, que ele diminuísse o tamanho de sua banda, para maximizar os lucros; segundo, que ele diminuísse – ao menos temporariamente – a ênfase em questões políticas em suas gravações e performances, de forma com que se tornassem mais palatáveis ao público ocidental; terceiro, que ele temporariamente se mudasse para a Europa a fim de evitar ataques dos governos nigerianos e criar uma base ocidental para sua carreira ser mais efetivamente gerenciada; e quarto, que ele relaxasse sua política de apresentar ao vivo somente músicas ainda não gravadas, e executasse os clássicos e menos políticos da década de 70.[92]

---

91   VEAL. Michael E. *Op. cit.*, p.183.

92   *Ibid*, p. 185. Do original: "First, that he decrease the size of his entourage in order to maximize profits; second, that he lessen – at least temporarily – the political emphasis in his recordings and performances, in order that they might be more

Fela Kuti: contracultura e (con)tradição na música popular africana   131

Ironicamente, para tornar-se o novo ícone musical da "World Music", Fela era aconselhado a abrir mão de todas as características que o levaram a ser a figura contracultural que se tornara. Essas propostas foram recusadas e Fela foi abandonado por seus produtores, que passaram a trabalhar com seu conterrâneo astro da juju music, Sunny Ade.

Sunny Ade e sua banda *African Beats*, alcançaram um relativo sucesso e, ao final da década de 70 era claro em sua música a influência do afrobeat, o que – segundo E. Veal – é o maior componente do sucesso internacional de Ade. Com a recusa de Fela em se curvar diante das imposições do mercado, um novo astro foi lançado, incorporando na juju as referências do afrobeat que agradavam a plateia ocidental e retirando as características que faziam o estilo menos palatável.[93]

Sem contrato internacional e sem grandes rendimentos, a resposta de Fela a esta conjuntura foi gravar por selos alternativos locais e aprofundar seu experimentalismo musical diante da liberdade criativa que esta situação lhe oferecia. Resultando em composições como *Confusion Break Bone*, da qual nos ocuparemos no capítulo seguinte.

---

palatable to Western audiences; third, that he temporarily relocate to Europe to avoid further government harassment and to create a Western base from which his career might be more effectively managed; and fourth, that he relax his long – standing policy of presenting only new, unrecorded material in concert, and that he perform familiar, less political classics from 1970s repertoire."

93   *Ibid*, p. 189.

3

O PÓS-COLONIAL SONORO E SUAS CONTRADIÇÕES CRIATIVAS

O músico é capaz de dominar as forças informes do inconsciente,
fazendo-as atuarem a seu favor; a música é um rito de passagem
em que o sujeito se lança à morte (escolhendo por um artifício
onírico, diria Freud, aquilo que não tem escolha) e renasce dela.[1]

O sistema tonal como força colonizadora

O imperialismo inglês do século XIX, por meios de instituições criadas
em solo africano, procurou propagar a cultura, os valores e a visão de
mundo ocidentais. A criação de igrejas, escolas e da própria lógica mercadológica que passa a permear as relações sociais causaram um consi-
derável impacto em diversos aspectos da vida cotidiana. Uma profunda
transformação começou a se instaurar no cerne de manifestações culturais – alguns hábitos foram abandonados e outros, adquiridos.

A presença da religião e da língua do colonizador inglês, além de
outros sutis artifícios utilizados para a opressão das culturas nativas, dialeticamente impulsionou um espaço para a criação de novas formas de
africanidades. O processo de globalização e a introdução do continente
na lógica espoliatória do sistema capitalista foram a conjuntura histórica
sobre a qual o continente africano deflagrou sua iniciativa frente aos desafios que o século XX apresentava, diante da necessidade de reconstrução política, econômica e social.

---

1 WISNIK, José Miguel. *Op. cit.*, p. 72.

É inegável que trocas culturais foram intensificadas com a presença do colonizador e por todo o desenrolar dos processos de independência em um mundo globalizado. Entretanto alguns locais eram já caracterizados pelo intenso contato com outras culturas, dentro e fora do continente africano, mesmo antes da colonização sistematizada que marca a segunda metade dos anos 1800. Lagos, como vimos, foi uma cidade que, desde o século XVI, era caracterizada por intensa troca cultural, pelo tráfico de almas e mercadorias e por sua exuberante diversidade étnica.

Kofi Agawu, em sua obra *Representing African Music*, destaca que o colonialismo decimonômico causou grande impacto nas culturas africanas, o que não significa, em absoluto, que essas culturas tenham sido destruídas ou substituídas por parâmetros puramente ocidentais.

No que se refere à música, o autor destaca que algumas estruturas estáveis – preservadas pelo peso da tradição oral – foram modificadas, outras permaneceram praticamente intactas.

> O momento colonial introduziu rápidas e abrangentes mudanças, no entanto, essas mudanças levaram uma dramática reconfiguração da estabilidade anterior. Nos últimos cem anos, alguns aspectos da tradição permaneceram intactos, alguns intensificaram sua autenticidade, enquanto outros se metamorfosearam em novas tradições.[2]

Para Agawu, as maiores transformações na linguagem musical africana ocorrem graças a 3 principais aspectos: a presença material de instrumentos trazidos por estrangeiros; a tecnologia de gravação e re-

---

2　AGAWU, Kofi. *Representing African Music*: Postcolonial Notes, Queries, Positions. New York: Routledge, 2003. p. 5. Do original: "The colonial moment introduced rapid, far-reaching change, however, change has led to a dramatic reconfiguring of the earlier stability. In the last one hundred years, some aspects of tradition have remained intact, some have intensified their authenticity, while others have metamorphosed into new traditions."

Fela Kuti: contracultura e (con)tradição na música popular africana   135

produção sonora; e a criação de instituições de ensino musical, tais como igrejas, escolas e conservatórios.

Construindo uma pequena narrativa ficcional, o autor exemplifica a imaginação musical de um indivíduo africano no período anterior à descolonização. O ano é 1920, o local é Costa do Cabo, na Costa do Ouro (atual Gana), local de intensa troca comercial, contatos culturais e onde surgiram algumas das primeiras igrejas missionárias e escolas naquele país. O personagem é um jovem músico chamado Kwame que, circulando por diferentes paisagens sonoras, demonstra a pluralidade da escuta nos grandes centros comerciais africanos: Kwame era familiarizado com a expressão idiomática de bandas militares e, como paroquiano, conhecia diversos hinos da Igreja Metodista. Conhecia a música dos asafo e adowa e ainda a dos pescadores Ga e Ewe, que migravam para sua região. Vez ou outra Kwame encontrava marinheiros liberianos com suas guitarras e havia aprendido registros diatônicos opostos à melodia cromática, à repetição, à ornamentação e às escalas modais. Conhecia uma diversidade de padrões rítmicos aprendidos em danças específicas e também conhecia a harmonia tonal, tendo uma preferência pelo modo maior. Sempre se impressionava pelo modo como o organista de sua igreja segurava a nota de resolução, nos cultos aos domingos.

Agawu aponta que este "nativo hipotético" poderia existir e não se diferencia muito das pessoas da atualidade, uma vez que a presença estrangeira (e de suas instituições organizadoras) aumentou, transformando – em níveis distintos – as possibilidades de escuta.[3]

A força da colonização europeia se dá principalmente no ambiente urbano. Em áreas rurais em que não havia *plantations* e em áreas onde as pessoas não foram expostas expressivamente à educação colonial, como aponta Anthony Appiah,[4] diversos aspectos do sistema colonial puderam ser ignorados em algum sentido. Nessas áreas, obviamente, as tradições

---

3   *Ibid*, p. 6-8.

4   APPIAH, Anthony Kwame. *Op. cit.*, p. 27.

musicais sofreram menor transformação, pelo menos até a penetração mais profunda da modernização e de uma "modernidade estrangeira".

As grandes cidades, que por sua natureza favorecem o contato humano e as trocas culturais que dele derivam, foram locais de mudanças mais intensas e significativas e locais onde os parâmetros da música europeia – ensinada nas igrejas e conservatórios, mais penetraram. Dentre os elementos básicos dessa música – ritmo, melodia e harmonia – o que exerceu maior força colonizadora foi, certamente, a harmonia funcional e sua capacidade de organizar a narrativa musical.

Assim como a língua estrangeira (o inglês, o português ou o francês), a harmonia funcional contribuiu para "unificar musicalmente" uma população heterogênea. Em sociedades onde a oralidade ocupa a primordial função de transmitir a cultura e a história, o resíduo simbólico das práticas musicais pode ser muito maior que o da linguagem verbal. Assim, o impacto da harmonia tonal na transformação desse meio de expressão e transmissão cultural teve um impacto quase desastroso, fazendo com que os recursos harmônicos da música africana fossem preteridos em alguns ambientes-chave para a formação musical, como a escola e a igreja, fato reforçado posteriormente pela penetração da música pop tocada nas rádios de todo mundo.

Agawu aponta que:

> Os vastos recursos harmônicos disponíveis na música tradicional africana, que incluem algumas alternativas viáveis à textura Soprano-Alto-Tenor-Barítono dos hinos europeus, por exemplo, permanecem pouco valorizados. O arranjo hierárquico SATB que os fiéis encontram aos domingos, e meninos e meninas são forçados a aprender como membros da escola e dos coros não ocorrem na música tradicional africana. O modo indígena de cantar é bastante variado, e existem exemplos espetaculares. (...) A prática contrapontual e harmônica indígenas ainda carecem de serem exploradas criativamente e em larga escala. Mas isso não

ocorrerá em breve se, como geralmente ocorre, nós continuarmos surdos aos sistemas harmônicos locais, recusando a criação de padrões para fins pedagógicos e composicionais e sucumbindo à superficial e intoxicante harmonia europeia dos hinos e da música pop americana.[5]

Esse processo de penetração da harmonia tonal se deu principalmente através da educação formal e religiosa reservada aos filhos das elites. A Nigéria sofreu um tipo de colonização entendida como "indireta", no qual as elites locais eram inseridas na lógica administrativa colonial. Assim, como vimos, esta elite nativa pôde formar-se versada nos ditames da cultura ocidental. No século XIX, cidades como a antiga capital Lagos eram lar de uma elite europeizada que se diferenciava do restante da população pelos hábitos ocidentais, pelo consumo de operetas, concertos e recitais de piano. Nesta mesma "Lagos vitoriana",[6] como era de se supor, não faltavam manifestação de música "tradicional" acompanhada de danças e rituais sagrados. Esse cenário multicultural que se cria como consequência das antigas trocas culturais entre africanos e estrangeiros se consolida e se reforça com a dominação colonial inglesa – e se tornará a

---

5   AGAWU, Kofi. *Op. cit.*, p. 10. Do original: "The vast harmonic resources available in traditional African music, resources that include many viable alternatives to the Soprano-Alto-Tenor-Bass (SATB) texture of European hymns, for example, also remain underappreciated. The hierarchic SATB arrangement that churchgoers encounter on Sundays and that boys and girls are forced to endure as members of community and school choirs does not occur in traditional African Music. Indigenous multipart singing is idiomatically quite varies, and there are some spectacular exemples. (…) indigenous harmonic/contrapuntal practices remain to be explored creatively and on a large scale. But such exploration is not likely to happen any time soon if, as too often happens, we remain deaf to local harmonic systems, refuse to standardize harmonic resources for compositional and pedagogical purposes, and succumb to the superficially intoxicating harmonies of European hymns and American pop songs."

6   *Ibid*, p. 12.

tônica da vida musical urbana em Lagos. Neste ínterim, a harmonia musical do ocidente desenvolveu um papel intensamente homogeneizador.

Sobre o conceito de harmonia, devemos ressaltar que é um dos três parâmetros fundamentais que pautam os estudos musicais. Pode ser basicamente definida como uma forma de organização dos sons simultâneos e sequenciais que, como aponta Flo Menezes, possuem um direcionamento, ou seja "a procura de uma lógica, de uma coerência harmônica através da qual uma obra poderia desenvolver-se estruturalmente".[7] O modo de organização dos sons, entretanto – assim como a noção de passagem do tempo, ou mesmo a própria noção de História – variam de uma sociedade para a outra, sendo múltiplas as escalas, ritmos e formas musicais.

No Ocidente, foram os gregos da Antiguidade os que primeiro sistematizaram um pensamento acerca do assunto, desenvolvendo uma escala de sete sons através da percepção de uma certa ordem numérica, já que o número era entendido como o princípio de tudo. Para eles, harmonia era a forma de organizar o som em modos, chamados de *ocktacordai,* ou seja, em oitavas (considerando a primeira e última notas de cada escala de sete notas).[8]

As escalas são, como sugere José Miguel Wisnik, "um conjunto mínimo de notas com as quais se forma uma frase melódica",[9] a melodia, por sua vez, configura-se na disposição sequencial (e, portanto, horizontal) desse conjunto de notas.

Essa forma de organização dos sons entre os gregos refletia a visão de mundo daquele povo nos aspectos mais sensíveis, inclusive na forma como o universo era sentido e compreendido. Flo Menezes, citando o filósofo grego Aristóteles, demonstra a crença que existia de que havia uma harmonia no modo como os astros se movimentam no universo, na relação numérica de suas distâncias e a crença de que estes astros produziriam

---

7   MENEZES, Flo. *Apoteose de Schoenberg.* Cotia – SP: Ateliê Editorial, 2002. p. 33.

8   *Ibid,* p. 396.

9   WISNIK, José Miguel. *Op. cit.,* p. 71.

Fela Kuti: contracultura e (con)tradição na música popular africana 139

sons prodigiosos que não percebíamos já que os ouvimos desde nosso nascimento e nos faltaria a contraposição com o silêncio para percebê-los.[10]

> Os astros em questão são os sete planetas da astrologia antiga (Lua, Sol, Vênus, Mercúrio, Marte, Júpiter e Saturno), traçando no céu, em diferentes velocidades, o seu caminho reverso ao das estrelas fixas (as do zodíaco). O caráter heptatônico do modelo planetário tradicional coincide com a estrutura escalar heptatônica, e se constituem ambos em modos de apresentação da essência numerológica do mundo que tem no número 7 um símbolo privilegiado.[11]

A escala de sete notas (do, ré, mi, fa, sol, la si, do), conhecida como *diatônica*, é composta por cinco tons e dois semitons presentes entre os intervalos de mi-fa e si-do, fato que permite o surgimento de relações de tensão e repouso que, no percurso histórico da harmonia, formam a narrativa da música ocidental.

Schoenberg, em seu tratado *Harmonia*, explica que a escala diatônica teria surgido da observação atenta das relações entre os fenômenos sonoros. O som, enquanto fenômeno físico, constitui-se de outros sons, nem sempre audíveis, que ressoam interna e concomitantemente, formando um feixe de vibrações que compõem o que chamamos de série harmônica. "A série harmônica é a única 'escala natural', inerente à própria ordem do fenômeno acústico".[12] Esses sons concomitantes, segundo a observação dos gregos, obedecem a uma lógica interna na qual um som estabelece relações de atração e afastamento com seus harmônicos. Essa lógica interna a cada som é a mesma que organiza a escala diatônica. Neste sentido, uma nota terá afinidade por outras notas "aparentadas", originando relações de estabilidade, ou consonância. Um som – sol, por exemplo –, aparenta-se da

---

10   MENEZES, Flo. *Op. cit.*, p. 398.

11   WISNIK, José Miguel. *Op. cit.*, p. 100.

12   *Ibid*, p. 24.

nota situada uma quinta abaixo dele – dó –, o mesmo ocorre com o próprio dó que irá aparentar-se do fá (uma quinta abaixo).

> (…) é importante notar que esses três sons estão numa relação muito estreita, são aparentados. Sol é o primeiro harmônico superior (excetuando-se dó, a oitava) de dó, e dó é o primeiro harmônico de fá. Portanto, esse primeiro harmônico é o mais semelhante (depois das oitavas) ao som fundamental (…).[13]

Além disso, há relação de consonância também com as terças: dó – mi (no caso de nosso exemplo) que, harmonicamente, dão um sentido semântico à musica, uma vez que são esses os intervalos responsáveis por definir o modo maior e menor, sendo o primeiro considerado mais "alegre" e o último mais "sombrio".

Ao mesmo tempo que uma nota estabelece relações de afinidade com sua quinta, oitava e terça, o mesmo som estabelece relações de refutação, tensão, ou dissonância, com alguns outros intervalos, tais como a sétima (dó-si, ou dó-si bemol).

Outro intervalo que causa tensão, grande instabilidade e necessidade de resolução dentro da harmonia Ocidental é o trítono (um intervalo de três tons, tais como fá – si). Wisnik aponta que o trítono foi proibido pela Igreja durante a Idade Média. O motivo para tal proibição era o intento de fazer com que a música refletisse a ordem estável e serena da concepção de mundo religiosa, onde instabilidades, revoltas e contravenções eram entendidas como ataques contra a vontade divina. Expulsar o trítono era, em algum aspecto, expulsar o demônio das manifestações sonoras. O fato de a escala heptatônica possuir dentro de sua própria estrutura o demônio do trítono se tornaria um problema musical e filosófico durante a Idade Média, levando os compositores a evitarem este intervalo maldito. Contudo, a negação do trítono era já

---

13 SCHOENBERG, Arnold. *Harmonia*. São Paulo: Editora UNESP, 2011, p. 62.

um reconhecimento de seu papel fundamental para o desenvolvimento da música ocidental.

É justamente com o advento da Modernidade que o trítono irá mostrar-se como o trampolim para uma nova forma de organização musical que, partindo da crescente complexidade do canto polifônico medieval, irá marcar "o pacto com o diabo, a criação do homem moderno como homem fáustico". Ainda citando Wisnik: "A *resolução do trítono* no acorde equivale igualmente à formulação da perspectiva na pintura (construção da profundidade onde havia superfície, projeção de um espaço evolutivo onde havia estaticidade infinitamente recorrente)".[14] O trítono resolvido marca, então, o processo de abertura das mentes para explicações não-religiosas do mundo que fez com que os humanistas italianos chamassem o período que lentamente entrava para o passado de Idade do Meio ou – não sem equívocos – de Idade das Trevas. No Ocidente há uma recorrente inclusão da dissonância e sua consequente resolução no discurso musical. Estas dissonâncias com o tempo serão compreendidas como consonâncias num processo evolutivo que diminui, paulatinamente, as possibilidades de resolução do próprio sistema.

As relações intervalares e suas possíveis atrações e afastamentos formam a base de todo o sistema tonal que, como a literatura, é a forma na qual se desenvolveu o discurso organizador que dá aos sons sua qualidade semântica e seu significado histórico-social. Este sistema surgiu somente no Ocidente, acompanhando o processo de desenvolvimento da modernidade europeia – embebida nos ideais de razão e progresso presentes no imaginário do mundo burguês. O tonalismo marca o triunfo da burguesia e seu próprio pacto com o demônio pelo lucro, anteriormente condenado pela Igreja, e pelo ideal de progresso que sustentam o surgimento do capitalismo e da modernidade.

---

14 WISNIK, José Miguel. *Op. cit.*, p.110.

(…) a música tonal se funda sobre um movimento *cadencial*: definida uma área tonal (dada por uma nota *tônica* que se impõe sobre as demais notas da escala, polarizando-as), levanta-se a negação da *dominante*, abrindo a contradição que o discurso tratará de resolver em seu desenvolvimento. Mas a grande novidade que a tonalidade traz ao movimento de tensão e repouso (que, em alguma medida está presente em toda música) é a trama cerrada que lhe empresta, envolvendo nele todos os sons da escala numa rede de acordes, isto é, de encadeamentos harmônicos. (…) Olhando panoramicamente, o tonal é o mundo onde se prepara, se constitui, se magnifica, se problematiza e se dissolve a grande diacronia: o tempo concebido em seu caráter antes de mais nada evolutivo. É o mundo da dialética, da história, do romance.[15]

Basicamente, este sistema se estrutura nos encadeamentos de tensão e repouso, nasce da polifonia medieval e das próprias possibilidades de superação que o modalismo grego apresentava dentro de si.[16] Seu desenvolvimento se dá ao longo dos séculos XVI, XVII e XVIII, e vigora até o início do século XIX, com Haydn e Beethoven, quando atinge seu ponto máximo.

É interessante retomar aqui as relações já anteriormente estabelecidas entre música e literatura, entre resolução do trítono e modernidade. Neste sentido, a assimilação da dissonância causada pela inclusão do *diabolus in musica* no discurso musical aparece como símbolo de inauguração do homem moderno. Como no *Fausto* de Goethe, o homem moderno transfigura-se no desbravador, crente no progresso ilimitado, sacrificando tudo que é sagrado e tradicional para alcançá-lo. O impulso fáustico da modernidade, a crença na razão, na civilização e na superioridade dos paradigmas ocidentais levou a Europa à empreitada imperialista, como

---

15 *Ibid*, p. 114.

16 MENEZES, Flo. *Op. cit.*, p. 37.

Fela Kuti: contracultura e (con)tradição na música popular africana   143

forma de resolver, a todo custo, os problemas colocados pelo capitalismo financeiro no século XIX. A inclusão do trítono na narrativa musical e as soluções repousantes para este fato, narram, de certa forma, a história trágica e violenta de imposição da ideia de "superioridade" europeia no continente africano, divido e partilhado durante a Conferência de Berlim.

O sistema tonal, analisado sob a égide do processo de Modernidade inaugurado pelo Ocidente, funciona como uma força colonizadora, não só por ser um discurso organizador, uma linguagem musical e escrita que possui um *status* que se pretende universal, mas também por conter – dentro de sua estrutura e sua lógica, o ímpeto próprio do imperialismo que tem como base o jogo dialético da espoliação para o progresso. O tonalismo e a harmonia funcional vinculam o sagrado e o profano, a missão evangelizadora e o mercado musical.

O Modalismo e a terceira via do jazz

Vimos que as escalas e o modo como organizamos os sons variam de acordo com as formações sociais nas quais foram forjadas. O sistema tonal, como o que concebemos no Ocidente, é fruto de uma sociedade atravessada pelo capitalismo como sistema econômico (e, posteriormente, político, social e cultural).

No primeiro capítulo deste trabalho tivemos a oportunidade de apontar e discutir as relações intrínsecas entre música e ritual, entre o som e o sagrado presentes em sociedades pré-modernas, ou seja, que não haviam passado pelo desenvolvimento do capitalismo e da lógica que desvincula a sonoridade de sua função social, da práxis vital.

O território modal revela uma distinta estrutura de significados, uma outra economia do sagrado. Ali a música é vivida como experiência ritual, como algo que ultrapassa o mero regozijo intelectual, como a música de concerto europeia, ou o mero entretenimento desinteressado, como a música popular – no sentido adorniano do termo. Esta experiência extramusical que permeia o modalismo, pode mesmo ser uma tentativa crítica de restabelecer vínculos dilacerados pela lógica do capital.

"Modo" ou "gama" é o nome que se dá a uma escala, seja ela de sete ou cinco notas. Modalismo, contudo, é o termo comumente usado para designar sistemas musicais que se desenvolveram fora – ou além – do tonalismo.

As escalas modais heptatônicas, como discutido, são a base do desenvolvimento musical do Ocidente e foram sistematizadas entre os gregos, durante a Antiguidade. Entretanto este tipo de escala de sete notas não é exclusividade europeia, tendo se desenvolvido também em outras regiões do mundo. O que se deu somente no Ocidente, foi a articulação do sistema tonal enquanto discurso organizador da música na modernidade.

Existem também escalas modais pentatônicas que, como o nome já sugere, são formadas por cinco notas. Comuns em algumas regiões da África e Ásia, estas escalas são compostas a partir de séries de quintas encadeadas (Ex: partindo de fá, teríamos: fá, dó, sol, ré, lá), causando uma grande sensação de estabilidade (já que não possuem trítonos) e sendo dinamizada por uma costura na qual se intercala uma quinta ascendente e depois uma quarta descendente (inversão da quinta), constituindo escalas de larga aplicabilidade. Entretanto, vale ressaltar aqui que o termo *pentatônica* atribuído a essas escalas foi desenvolvido como uma forma Ocidental de traduzi-las, e deve ser usado e compreendido como uma convenção, sem ignorarmos a complexidade das músicas não ocidentais. Na verdade,

> Nesses sistemas modais complexos, o repertório de gamas utilizadas é de uma enorme sutileza, pois trabalha-se com nuances intervalares mínimas, estranhas ao ouvido diatônico e 'bem temperado' da música tonal europeia, para qual formamos nosso ouvido.[17]

As escalas modais estão sempre relacionadas com seu significado extramusical, com uma semântica ritual, correspondendo a um estado de espírito, a um estado da natureza ou mesmo à necessidade da cura. Devido à inexistência do trítono nas escalas pentatônicas, há um grande

---

17   WISNIK, José Miguel. *Op. cit.*, p.89

Fela Kuti: contracultura e (con)tradição na música popular africana   145

espaço para a criação de performances coletivas, comunitárias, rituais e compartilhadas, além de um espaço para improvisações diversas, no que se refere às possibilidades de composição musical.

O encadeamento de quintas permite que as estruturas rítmicas e melódicas das músicas modais tenham um caráter circular e repetitivo, produzindo uma outra vivência do tempo. Neste sentido, cada elemento musical tem seu devido lugar e função. Instabilidades são evitadas na música assim como na própria sociedade. "Nas sociedades pré-modernas, um *modo* não é apenas um conjunto de notas, mas *uma estrutura de recorrência sonora ritualizada por um uso*."[18]

Fela Kuti utiliza-se do modalismo, ou mesmo da construção de escalas pentatônicas, em diversas situações como forma de repensar os padrões compositivos apreendidos em sua formação musical – na Trinity University, em Londres – e como forma de resistir à força colonizadora que a música ocidental impôs à expressividade africana. Fela tenta, em sua música, em sua fala e em sua vida enquanto ativista político, reviver o sagrado atacado pela modernização e pela introdução de uma "modernidade ocidental" em solo africano trazida pelo colonizador. Para ele a música é sagrada. No documentário *A Música é a Arma*, Fela diz que

> A música é algo espiritual, não se brinca com a música. Se você brinca com a música morrerá jovem. Quando as forças superiores nos dão o dom da música, ele tem que ser usado! Pelo bem da humanidade. Se o usar para o próprio ganho ou para enganar as pessoas você morrerá jovem, já disse isso para as pessoas diversas vezes. Vou provar que elas estão erradas e que eu estou certo, pois agora tenho 44 anos e estou ficando mais jovem, porque estou fazendo a coisa certa. Posso tocar por 10 horas seguidas e nunca

---

18   *Ibid*, p. 75.

me canso, estou ficando mais jovem! A vida espiritual da música que levei do jeito certo está me ajudando agora.[19]

Esse modo de pensar, permeado pela interação entre política, religião e estética – pautando-se pelo pensamento pan-africanista, está presente no próprio processo compositivo e nas soluções musicais que Fela encontra para os desafios que sua época colocava. No pensamento de Fela, o "tradicional" mesclava elementos escolhidos que remontam a uma África que não necessariamente existiu no passado pré-colonial como entidade geograficamente identificável. Esta África tradicional, imaginada e inventada – como todas as tradições que existem – se manifesta visualmente através da simbologia da performance ao vivo, das atitudes contraculturais de Fela e da arte gráfica desenvolvida na movimentação cultural que foi o Afrobeat. Ela também se mostra através dos elementos musicais (tais como o uso de ostinatos/riffs), da escala de cinco notas, do coro em canto-e-resposta e através de elementos sumariamente políticos, tais como o uso do *pidgin English*, os yabis time e as próprias letras das canções.

Através do experimentalismo em suas composições, Fela busca reviver essa "África imaginada". O modalismo, utilizado em composições como *Colonial Mentality*, é um recurso empregado para causar a sensação de transe através das repetições de *riffs* e de motivos rítmicos, do uso da percussão e da função atribuída principalmente à guitarra e ao contrabaixo. O objetivo é transformar as performances em verdadeiras cerimônias, envolvendo a banda e o público numa experiência de tempo coletiva, compartilhada. O que se pretende não é apenas o mero entretenimento, mas um momento de reflexão política e religiosa.

Entretanto, o que faz com que entendamos a música de Fela como um dado social de uma época específica não é somente sua referência

---

19   Fala extraída do Documentário *Music Is the Weapon*, dirigido por: Jean-Jacques Flori e Stéphane Tchalgadjief. Produção: França, 1982. Lançado em 2003.

Fela Kuti: contracultura e (con)tradição na música popular africana   147

à África pré-moderna, mas o modo como a Modernidade e a diáspora estão intrinsecamente trabalhadas em suas composições.

Para que entendamos como este processo se dá, é necessário observar que o modalismo ao qual Fela se refere em seu processo compositivo não é, de forma direta, o modalismo da música tradicional africana existente antes do processo de modernização ao qual o continente africano foi submetido, mas sim o modalismo presente na diaspórica "terceira via" do jazz, com seus remanescentes elementos do *blues*.

Ted Gioia, em seu *History of Jazz,* inicia a história (ou a "pré-história") deste gênero musical descrevendo uma cena que, segundo o autor, poderia ter ocorrido na África, mas que de fato ocorreu na New Orleans do século XIX.

Em uma praça anteriormente conhecida como *Congo Square* – atualmente chamada, significativamente, de Louis Armstrong Park, homens e mulheres compartilharam momentos de vivência musical permeada de dança e de ritmos inusitados. Vale a pena citar o parágrafo:

> Um homem negro idoso senta-se sobre um grande tambor cilíndrico. Usando seus dedos e as bordas da mão, ele golpeia repetidamente a pele do tambor, que possui cerca de um pé de diâmetro e provavelmente foi produzido com pele de animais – evocando uma latejante pulsação com rápidos golpes. Um segundo homem, segurando seu instrumento entre os joelhos, junta-se ao primeiro, tocando no mesmo ritmo. Um terceiro negro, sentado no chão, apanha um instrumento de cordas que possui o corpo feito a partir de uma cabaça. Outro tambor feito de cabaça é tocado por uma mulher com duas baquetas curtas. Uma voz, e depois outras vozes se juntam. Uma dança contraditória acompanha esse 'toma lá, dá cá' musical com movimentos hieróglifos que parecem informais e espontâneos, mas que, após um olhar mais acurado, se mostram ritualizados e precisos. É uma dança de proporções massivas. Uma densa multidão de corpos negros forma grupos circulares – talvez cinco ou seis centenas de indivíduos

se movendo no ritmo e pulsação da música, alguns balançando suavemente, outros batendo agressivamente seus pés. Algumas mulheres começam a cantar.[20]

É necessário que nos atentemos para alguns elementos desta cena, prodigiosamente destacados pelo autor, tais como o caráter grupal do momento, a experiência musical compartilhada que diferem, absolutamente, do aspecto individualizado que paulatinamente se instaura na música ocidental, na qual podemos destacar e citar nomes de músicos, maestros e compositores. Não existe divisão entre performers e plateia. A presença da dança compreendida como elemento inseparável da experiência musical aparece embebida de sentido ritual circular e repetitivo. O canto em forma de coral, composto de diversas vozes, reforça o aspecto comunitário. Cabe ainda destacar o fato de os instrumentos terem sido fabricados, muito provavelmente, de pele de animais: mais uma vez, música e sacrifício são vinculados e a práxis-vital entendida em seu aspecto sonoro.

Para este autor, manifestações como as de *Congo Square* funcionam como um registro de como os africanos escravizados fizeram a

---

20 GIOIA, Ted. *The History of Jazz*. New York: Oxford University Press, 2011, p. 3-4. Do original: "An elderly black man sits astride a large cylindrical drum. Using his fingers and the edge of his hand, he jabs repeatedly at the drumhead, which is around a foot in diameter and probably made from an animal skin – evoking a throbbing pulsation with rapid, sharp strokes. A second drummer, holding his instrument between his knees, join in, playing with the same staccato attack. A third black man, seated on the ground, plucks at a stringed instrument, the body of which is roughly fashioned from calabash. Another calabash has been made into a drum, and a woman beats at it with two shorts sticks. One voice, then other voices join in. A dance of seeming contradictions accompanies this musical give-and-take, a moving hieroglyph that appears, on the one hand, informal and spontaneous yet, on closer inspection, ritualized and precise. It is a dance of massive proportions. A dense crowd of dark bodies forms into circular groups – perhaps five or six hundred individuals moving in time to the pulsation of the music, some swaying gently, others aggressively stomping their feet. A number of women in the group begin chanting."

Fela Kuti: contracultura e (con)tradição na música popular africana 149

reinvenção, no solo do Novo Mundo, de seus parâmetros ritualísticos e musicais. Apesar de terem desaparecido por volta da segunda metade do século XIX, estas manifestações, segundo Gioia, ajudaram a definir a ideia que os primeiros músicos de jazz tinham de si mesmos, enquanto afro-americanos.

Quando Gioia escolhe iniciar sua obra destacando estes elementos fortemente pré-modernos é justamente porque quer situar o jazz como um gênero musical fora da lógica do desenvolvimento da música erudita europeia. Ou, como um gênero que cria e encontra sua própria lógica de desenvolvimento, seus próprios sentidos e parâmetros expressivos.

O jazz, enquanto gênero musical, tem como antecedentes, como elementos de sua pré-história, o *ragtime* e o *blues*. Esses dois estilos marcam essa mescla entre elementos ocidentais e africanos. Como aponta Joachim Berendt o ragtime é o primeiro estilo que apresenta características que serão fundamentais para o desenvolvimento jazzístico. O rag, que surgiu na cidade de Sedália, no Estado estadunidense de Missouri, era uma música do povo, dos trabalhadores das vias férreas em construção. Possui as características das músicas para piano tocadas à época, como minuetos e valsas. O que esta forma musical apresentava de original é justamente uma grande inovação no aspecto rítmico, considerado como a maior contribuição dos afroamericanos para o estilo. O termo ragtime (o mesmo que *ragged* time, ou "tempo destruído"),[21] é usado justamente para designar a mudança rítmica na execução ao piano. Além disso, as possibilidades de improvisação e o papel fundamental do músico intérprete como co-criador de peças musicais são também características importantes do ragtime que irão se consolidar no jazz *New Orleans,* considerado o primeiro estilo do que conhecemos como jazz, nascido na cidade que lhe dá o nome.

O *Blues*, por sua vez, é um termo utilizado para designar não só o estilo musical surgido em meados do século XIX nos Estados Unidos,

---

21 BERENDT, Joachim E. *Op. cit.,* p. 20.

advindo dos *spirituals* e das *worksongs*, mas também para pontuar um certo *feeling*, uma certa qualidade emocional (melancolia) que marca a visão de mundo do afro-americano diante das tragédias da escravidão, do racismo e da exclusão social. Musicalmente falando, o *blues* estabilizou-se em um esquema harmônico e melódico de 12 compassos que formam uma estrofe e nos quais estão presentes a lógica básica da tonalidade, ou seja, a presença de uma tônica, de uma subdominante e de uma dominante (tônica, terça e quinta). Contudo, o que faz com que o *blues* tenha uma sonoridade extremamente característica é a utilização das *blue notes* e a poderosa carga emocional que agregam.

Sobre o blues.[22] muitos artistas tentaram defini-lo como um "estado de espírito" que se manifesta também irônica e humoristicamente para demonstrar um certo "desconforto no mundo" do afro-americano. Joachim Berendt cita o músico Leadbelly, que define o blues da seguinte forma: "Nenhum branco é possuído pelo blues. Porque o branco não tem preocupações. Quando você está deitado na cama e não consegue dormir, você se vira de um lado para outro. O que há com você? Você está envolvido pelo blues (…)".[23] Esta carga emocional se transforma em sonoridade através do uso das *blue notes*, da entoação e da inflexão do fraseado, ou seja, em todo modo como uma música é executada.

Acredita-se que a *blue note* teria surgido da confrontação entre a escala pentatônica da música modal africana, presente no imaginário musical dos negros levados ao Novo Mundo, com a escala heptatônica Ocidental. No processo de assimilação do sistema tonal por parte dos africanos, duas notas soavam dúbias – por não fazerem parte do universo modal: a terceira e a sétima nota da escala tonal (partindo de dó seriam, respectivamente, mi e si). No sistema tonal, estes graus possuem a função de definir se uma música é tocada em tom maior ou menor. Ocorreu o fato de que, nos primeiros blues, os negros passaram a usar em tonali-

---

22   *Ibid*, p. 123-135.

23   *Ibid*, p. 124.

Fela Kuti: contracultura e (con)tradição na música popular africana 151

dades maiores algumas conduções características de escala menores, ou seja, causando uma impossibilidade de a escala blues ser definida enquanto maior ou menor, remetendo assim, ao modalismo.

Para a semântica musical do Ocidente, o modo maior soaria como mais "alegre", ou "vívido" e o menor como mais "triste" ou "melancólico", fato que nos permite imaginar, na voz de grandes cantoras como Gertrude Ma Rainey – durante o período clássico do *blues* – o potencial expressivo deste recurso musical e, mesmo entre os primeiros *bluesman*, como Robert Johnson – acompanhados somente pelo violão, esse potencial expressivo foi levado ao ápice. Ainda que a origem da *blue note* não seja um consenso entre os pesquisadores, Gioia aponta que seu visceral impacto ultrapassa o idioma do *blues* para entrar no *jazz* e, acrescenta-se, em outros gêneros musicais, como o rock e o afrobeat.[24]

O Jazz surgiu na cidade estadunidense de *New Orleans* na virada do século XIX para o XX. *New Orleans* era extremamente diversificada culturalmente, já que havia estado sob domínio francês no século XIX, tendo recebido muitos imigrantes europeus como franceses, italianos, eslavos e alemães que dividiam o espaço urbano com os africanos recém-chegados, além dos que há tempos lá viviam. Este fato fez com que surgissem grandes diferenças culturais entre os negros que haviam sofrido escravização nos domínios franceses e todos os outros, que eram descendentes de escravizados libertos somente com o final da Guerra Civil americana. Os primeiros eram conhecidos como "crioulos" e seus antepassados foram libertos mais cedo, quando o Estado da Lousiana passou de mãos francesas para mãos norte-americanas. Já os últimos eram conhecidos como negros "americanos", pertenciam à camada mais pobre da população e seus algozes senhores eram de origem anglo-saxônica. Alguns crioulos, com o tempo, tornaram-se comerciantes bem-sucedidos, fato que contribuiu para que desejassem, e perseguissem, uma diferenciação social. Entretanto, mudanças legislativas na Lousiana colo-

---

24 GIOIA, Ted. *Op. cit.*, p.13.

caram os crioulos à margem da sociedade e fizeram com que entrassem cada vez mais em contato com os negros americanos. Gioia aponta que este contato forçado se deu não somente na arena social mais ampla, mas também na subcultura musical de New Orleans.[25]

Os crioulos (ou *creoles*) dominavam mais efetivamente a música de concerto Ocidental e seus parâmetros de leitura, escrita e execução. Os negros americanos, com pouca educação musical formal, tocavam de forma mais livre e expressiva. O encontro dessas diferentes concepções musicais forma a base da primeira vertente de jazz, conhecida, portanto, como *New Orleans*. As tensões sociais surgidas daquela cidade extremamente multicultural foram o fértil substrato para a configuração dos elementos que definem o jazz e que, de certa forma, influenciariam diversos gêneros musicais no decorrer na história.

Dar uma definição definitiva ao *jazz* seria impossível, entretanto, podemos dizer que este gênero, nascido das questões e tensões que se apresentavam na sociedade americana na virada do século, é marcado por sua riqueza rítmica, pelo uso intensivo de síncopes e da improvisação. O papel do músico intérprete é fundamental, uma vez que este, ao executar a música, contribui criativamente através da intensa exploração dos recursos sonoros de seus instrumentos, ou mesmo de suas vozes. Apesar de não haver uma definição que seja definitiva e conclusiva acerca do *jazz*, Berendt sugere que podemos destacar os pontos nos quais esse gênero musical se diferencia da música europeia, o que se dá em três aspectos:

1. Através de uma relação especial com o sentido de tempo, caracterizado em parte pelo conceito de swingue;[26]

2. Pela espontaneidade e vitalidade de sua criação e execução instrumental e vocal, onde a improvisação ocupa um papel de extrema importância;

---

25 *Ibid*, p. 32.

26 Berendt define o termo swingue como sinônimo de balanço ou bossa. O termo também é usado para definir o jazz dos anos 30.

Fela Kuti: contracultura e (con)tradição na música popular africana   153

3. Pela sua sonoridade e seu fraseado, onde se espelham as características e a contribuição individual do intérprete.[27]

Estruturalmente falando, podemos destacar também outros fatores que diferenciam o jazz da música europeia, tais como o arranjo, o *blues*, os *spirituals* e as *gospel songs*, a harmonia, melodia e, finalmente, no ritmo. O blues, como parte integrante da história deste gênero, contribuiu para a criação das possibilidades de novos parâmetros compositivos, sendo fundamental para seu entendimento. As gospel songs e os spirituals,[28] por sua vez, foram fundamentais na definição do fraseado e no modo de cantar o jazz. Muitas cantoras de jazz, como Sarah Vaughan, haviam começado suas careiras como cantoras de igreja, trazendo para a música profana todo o *blues feeling* que irá manifestar-se também no jazz.

No que se refere à sonoridade e fraseado, o jazz, mesmo com a utilização de instrumentação oriunda da tradição musical do Ocidente, apresenta uma fuga dos padrões estéticos europeus. Cada músico tocava de modo a dar vazão à sua individualidade, a seus anseios e emoções. Não havia necessariamente um respeito à noção de belo ou uma aversão ao ruído, que desde sempre foi criativamente incorporado ao jazz e, em contrapartida, foi paulatinamente excluído da música europeia que se tornou cada vez mais limpa e filtrada (pelo menos até as vanguardas de século XX, quando o ruído é reincorporado). Eram comuns imitações de sons animalescos como rugidos e gritos através da exploração total dos recursos do instrumento.

É impossível pensar o jazz sem citar a importância que a improvisação – com maior ou menor graus de liberdade –teve para a configuração deste gênero e todas as suas variantes no decorrer do tempo – do *New Orleans* ao *Fusion*. A improvisação marca a participação ativa, no momento da performance, do músico intérprete no processo composi-

---

27   BERENDT, Joachim E. *Op. cit.*, p. 150.

28   *Ibid*, p. 131-134. *Gospel songs* e *Spiritual* são elementos fundantes do blues e, segundo Berendt, advêm da música religiosa dos negros americanos.

tivo, não sendo este um mero reprodutor. Este fato faz também com que cada apresentação de uma mesma peça musical seja única.

No que se refere ao arranjo, ou a reconfiguração dos elementos musicais para uma execução específica, o jazz demonstra a capacidade de harmonizar a improvisação, ou seja, liberdade de expressão individual, com as regras mínimas necessárias para a execução musical em grupo. Essas regras, no jazz, não significam, necessariamente, perda de espaços de liberdade, até mesmo no caso das *big bands*.

Harmônica e melodicamente, as maiores inovações apresentadas pelos músicos de jazz ocorrem principalmente da década de 60 em diante, com o surgimento do *Free Jazz*. O que não significa que tentativas de inovação não tivessem sido buscadas já no *Bebop* da década de 40. O uso da *blue note* e o uso de acordes de passagem estranhos à harmonia dada, além do uso de inovações apresentadas pela música erudita eram comuns no jazz desde seu nascimento. O atonalismo alcançado pelo *Free Jazz* demonstra como este gênero chegou a soluções sonoras semelhantes às apresentadas pela música erudita percorrendo, entretanto, um caminho de experimentalismo paralelo, obviamente, com devidos distanciamentos e aproximações. Como afirma Berendt,

> Eles chegaram [à atonalidade] pela própria prática e pelo mesmo empirismo e experimentalismo que levou os "eruditos" às suas soluções. Não deixa de ser importante notar, portanto, que o jazz, não sendo música de laboratório, chegou a soluções sonoras paralelas às dos teóricos. Ouça-se, por exemplo, a "Miles Davis Capitol Orchestra" – peças como *Move, Budo* ou *Israel* – e se notará facilmente semelhanças harmônicas e sonoras, em geral, com *Dumbarton Oaks Concerto* ou *Symphonie in C* de Stravinsky.[29]

A década de 70 apresenta uma maior liberdade musical para experimentalismos. Ocorre a busca por inovações e recursos técnicos utilizados

---

29 *Ibid*, p. 158.

por culturas não ocidentais – como a indiana – e mesmo, como vimos, um retorno às culturas africanas, compreendidas como fonte de inspiração. No jazz, geralmente instrumentos como piano, baixo, guitarra e bateria ficam responsáveis pelo desenvolvimento rítmico de grupo, sendo que a seção melódica, geralmente fica à cargo de instrumentos de sopro como o trompete, o saxofone, o pistão e a própria voz. O fator que orienta e organiza as diversas faixas de ritmo possíveis é justamente o *Beat*, ou seja, uma célula rítmica, uma "batida", dado normalmente pela bateria e pelo contrabaixo. A inovação no que se refere às acentuações rítmicas, com mudanças nas acentuações tradicionais da música europeia e a grande utilização dos pratos, fazem com que o *jazz* – em suas diferentes vertentes – se caracterize pelo *swingue*, pelo balanço e pela riqueza rítmica. O *Free jazz* chega a alcançar até mesmo a desaparição da célula rítmica básica, trazendo o pulso como único orientador da execução musical e alcançando o que Berendt chama de "africanização rítmica do jazz".[30] Esse processo teria se iniciado com o *Bepop* e se caracteriza pela extrema diversificação das possibilidades rítmicas.

Jazz como caminho, Afrobeat como síntese

As relações musicais do continente africano com o resto do mundo são antigas e intensas. A escravidão que violentamente forçou vários homens e mulheres a deixarem seus lares para realizarem trabalho forçado na diáspora, assim como as naturais relações de trocas culturais que se dão entre as sociedades humanas, acabaram fazendo com que todas as partes do mundo tivessem algum tipo de referência musical africana – dos Estados Unidos e Brasil, com suas histórias de escravismo, até o Japão, através da indústria cultural globalizada.

Ao mesmo tempo que exportou parâmetros culturais variados, no que se refere à língua, aos costumes, à alimentação e à música, o continente africano também recebeu influências diversificadas, vindas de

---

30   *Ibid*, p. 145.

todos os lados: pelo deserto – vide o canto melismático e corânico dos povos situados ao norte e imediatamente abaixo do Saara; pelo oceano – vide as músicas de marinheiros e pescadores, de ex-escravizados que retornavam à terra mãe; além das tendências musicais que chegavam através dos discos e das ondas radiofônicas. O Jazz, como um dos primeiros fenômenos mercadológicos de grande alcance da indústria cultural estadunidense, ganhou significativos adeptos no continente.

John Collins, em seu artigo *Jazz Feedback to Africa*,[31] aponta que a influência dos negros do Novo Mundo na África inicia-se, justamente, com o retorno de pessoas que haviam conseguido escapar à escravidão, trazendo para o continente referências da música norte-americana e latino-americana. A influência latina, tão marcante no highlife e em outros estilos musicais que fizeram sucesso, principalmente na costa oeste do Continente, teriam chegado através de afro-americanos e caribenhos que trabalhavam como marinheiros e estivadores que visitavam frequentemente os portos africanos – além das transmissões radiofônicas e a venda das *GV series*, que citamos no capítulo anterior. Estes trabalhadores teriam sido também responsáveis pela introdução do *calypso* no século XIX. Foram marinheiros negros, da mesma forma, os primeiros responsáveis pela introdução do *ragtime*. A introdução do gramofone, no começo do século XX, acentuou o impacto e alcance dessas ondas musicais que chegavam. O primeiro impacto foi o do ragtime, seguido do samba brasileiro – uma das referências da sincrética *Juju music* iorubá.

> Após o samba, veio a moda da rumba cubana da década de 1930, uma música dançante que afetou profundamente música neo-folk da Bacia do Congo. Nos anos 30 houve também um fluxo de swing para a África, intensificado pela chegada de tropas estrangeiras na Segunda Guerra Mundial. Desde então, há um fluxo contínuo de ritmos dançantes da música negra para a África,

---

31 COLLINS, Edmund John. *Jazz Feedback to África*. American Music Review, vol. 5. N.2. Summer, 1987, p. 176 – 193.

Fela Kuti: contracultura e (con)tradição na música popular africana   157

trazendo o calypso de Lord Kitchener, a música afro-cubana, o Dixieland, o jazz, o Bepop e a música pop, incluindo o rock'n roll, o soul, o twist, o funk e o reggae.[32]

Essas referências musicais tornavam-se fenômenos, principalmente nas regiões costeiras com suas grandes cidades, como Monróvia, Acra, Lagos e Cidade do Cabo. Alcançando regiões menos ocidentalizadas e urbanizadas, acabavam ganhando roupagens mais africanas com a introdução de melodias e instrumentação tradicionais, além do uso das línguas vernáculas.

Como já discutido anteriormente neste trabalho, a *Soul music* de James Brown foi outro fenômeno musical que ganhou a África Ocidental, sendo fundamental para a formulação do Afrobeat de Fela Kuti, tanto no que se refere ao discurso de valorização da negritude, quanto aos aspectos musicais.

Collins, reforça a ideia de Stepleton e May que apresentamos anteriormente, e nos diz que as décadas de 60 e 70 – marcadas pela introdução do reggae e do soul – são períodos extremamente criativos, estimulando o surgimento de uma série de bandas e músicos que buscaram não somente reproduzir, mas repensar os estilos estrangeiros, criando novas vertentes africanas. Destas duas décadas temos como exemplos o *Afrorock* da banda Osibisa de Gana, o *soul-makossa* camaronês de Manu Dibango e o próprio Afrobeat.

---

32   *Ibid*, p. 117. Do original: "Following the samba came the Cuban rumba fad of the 1930s, a dance music that profoundly affected the newfolk music of the Congo Basin. The 1930s also saw the flow of the swing music to Africa, intensified by the influx of foreign troops during World War II. Since then there has been a continuous stream of black dance music styles to Africa, bringing Lord Kitchener's type of calypso, Afro-Cuban music, Dixieland, jazz, bebop and pop music, including rock and roll, soul, twist, funk and reggae."

Fela afirma ter usado o jazz, do qual obteve conhecimento mais profundo em seus anos morando em Londres, como uma forma de reencontrar a si próprio, suas raízes africanas:

> No começo, minha apreciação musical era muito limitada, mas depois eu me abri para outros artistas negros [americanos] e percebi que na África isso não ocorria. Na época só ouvíamos o que eles queriam que ouvíssemos. A rádios eram controladas pelo governo e os brancos tocavam o que queriam, então, eu não sabia nada sobre música negra. Na Inglaterra, tive contato pela primeira vez com todas essas coisas, mas na África, isso não acontecia. Foi depois do meu contato com a música negra que eu que comecei a usar o jazz como um trampolim para a música africana. Depois cheguei à América e conheci uma história africana da qual eu nunca tinha ouvido falar aqui [na Nigéria]. Foi então que realmente comecei a ver que eu não tocava música africana. Eu estava usando a música africana para tocar jazz. Então, a América fez com que eu me reencontrasse.[33]

Através deste depoimento fica claro como Fela reúne os aspectos sonoros (jazz, soul, highlife) e os aspectos ideológicos (apreendidos do pan-africanismo e do movimento negro americano) na formulação do

---

33 *Ibid*, p. 117. Do original: "At the beginning, my musical appreciation was very limited but later I got opened to many black [American] artists and I saw that in Africa we are not open. At the time they only let us hear what they wanted us to hear. When you played the radio it was controlled by the government and the white man played us what he wants, so we didn't know anything about black music. In England, I was exposed to all these things, but in Africa, they cut us off. It was after I was exposed that I started using jazz and I was using jazz as a stepping-stone to African music. Later, when I got to America I was exposed to African history which I was not even exposed to here [in Nigeria]. It was then that I really began to see that I had not played African music. I had been using African music to play jazz. So it was America that brought me back to myself."

Fela Kuti: contracultura e (con)tradição na música popular africana   159

que veio a ser o Afrobeat, que o consagrou como um dos mais controversos músicos africanos.

Com o passar dos anos, entretanto, Fela foi levando sua banda cada vez mais ao experimentalismo, à busca pelo novo. A década de 1980 marca o ápice dessa busca e apresenta canções como *Beasts of No Nation, Teacher Don't Teache Me Nonsense* e *International Thief Thief,* Já a década de 90 é um período no qual as experimentações das décadas anteriores são continuadas e aprofundadas e traz canções como *Just Like That, Original Sufferhead* e *Underground System.*

A música que nos interessa neste capítulo intitula-se Confusion Break Bone (C.B.B) – o título já reflete o aspecto confuso e "quebrado" desta composição cheia de soluções incomuns.

Gravada em LP no ano 1990 pelo selo Kalakuta Records, na Nigéria, esta música já havia sido executada anteriormente em 1984 no Festival de Glastonbury – analisado em nosso primeiro capítulo – dividindo espaço com Teacher Don't Teach me Nonsense. Após gravar suas músicas em LP, Fela não tinha o costume de executá-las ao vivo, fato que pode explicar o motivo pelo qual C.B.B não foi gravada anteriormente.

C.B.B marca um novo período na musicalidade de Fela. A partir de meados da década de 70 a banda África 70 passa a se chamar Egypt 80 e aumenta o número de componentes, passando a ter cerca de 30 membros. Isso porque após a acentuação das querelas de Fela Kuti com a justiça e com os governantes nigerianos, muito membros deixaram a banda para seguir carreiras individuais ou caminhos paralelos diversos, espalhando, de certa forma, toda a experiência acumulada nos anos de configuração do Afrobeat. A nova banda foi recomposta por jovens músicos como o baterista Nicholas Avom e Masefswe Anam, o percussionista Essiet Udoh, os baixistas Idowu Adewale e Kalanky Clement, entre outros, além do próprio filho de Fela, Femi Kuti, responsável pelo sax alto.[34] Os novos membros alteram também a dinâmica de funcionamento

---

34   VEAL. Michael E. *Op. cit.,* p. 170

do grupo e a sonoridade criada a partir de então, marcada por um maior experimentalismo, perceptível em C.B.B. de maneira muito clara.

A escolha desta música se deu justamente por este caráter experimental e por causar um forte estranhamento ao ser escutada por ouvidos acostumados aos padrões musicais do Ocidente.

C.B.B ocupa os dois lados do LP que leva o mesmo nome e se inicia com a percussão e a bateria marcando um tempo sincopado, com a intensa utilização dos pratos. Composta em compasso binário composto, esta música inicia-se em anacruse, ou seja, um conjunto de notas são executadas antes do efetivo início do tempo forte que, neste caso é invertido e colocado na parte final do motivo rítmico.

Abaixo podemos verificar como se relaciona cada seção da bateria, responsável pela articulação rítmica da música, configurando o que conhecemos como *Beat*, ou seja, a célula rítmica básica que organicamente ordena o discurso musical:

Neste *Beat*, podemos verificar a intercalação de tempos possibilitados pela relação estabelecida por cada componente da bateria: temos o bumbo, executando semínimas[35] e servindo como base para o desenvolvimento dos tons; temos o tom-tom executando colcheias;[36] o chimbal é destacado pelo símbolo x e dá o caráter jazzístico da bateria; as caixas estão circuladas e acentuam o motivo rítmico, marcada pelo símbolo >.

Essa opção por inverter a acentuação do tempo forte executando-o no final e não no início do motivo (como comumente se executa na tradição musical do Ocidente) é uma das razões que causam o efeito de

---

35 Uma Semínima é representada pelo símbolo ♩ ou ♪ dependendo de sua posição.

36 Uma Colcheia é representada pelo símbolo ♪, neste caso, a sequência de três colcheias forma uma tercina ♫.

"quebra" do ritmo, efeito bastante utilizado pelos músicos de *jazz*. A contínua utilização do chimbal e dos pratos também já era bastante comum no *jazz* desde o *Bebop*.

Aos vinte segundos da música entram em conjunto o contrabaixo e as guitarras, seguidos pelo teclado. Nossos ouvidos são surpreendidos por uma forte dissonância, que se torna ainda mais intensa à medida que os metais entram na música. É clara a tentativa de Fela de causar a sensação de instabilidade, efeito alcançado através do uso de alternativas compositivas como o uso extensivo de *blue notes* e resoluções que fogem ao padrão esperado pela música ocidental de concerto, mas que iam de encontro com as inovações jazzísticas.

Confusion Break Bone é composta sobre uma escala pentatônica, ou seja, uma escala de cinco notas. Entretanto, esta pentatônica não surge do ciclo de quintas – como nas músicas modais pré-modernas, mas é extraída da escala de Lá menor (de sete notas), tendo-se evitado o uso do trítono (si-fa). As dissonâncias são causadas justamente pela escolha de Fela em resolver as tensões usando notas que estariam fora do campo harmônico de Lá menor.[37]

Pentatônica em Lá Menor

Como podemos verificar acima, a escala de cinco notas é formada por Lá, Dó, Ré, Mi e Sol e será a base sobre a qual a música irá se desenrolar, além de ser também o elemento norteador dos improvisos e solos dos metais. Entretanto, aos 4 minutos e 46 segundos, e posteriormente aos 24 minutos, Fela realiza um solo percussivo usando três tambores com tonalidades distintas.

Esta música, como ocorre de modo geral no Afrobeat desde a década de 70, organiza-se utilizando *riffs* ou ostinatos, ou seja, pequenos motivos que se repetem durante toda a extensão da música, sofrendo

---

37 Todas as transcrições deste capítulo foram realizadas pelo Prof. Samuel Carvalho.

pequenas variações. Este fato contribui para a quebra da ideia de "começo, meio e fim" presente na narrativa musical do ocidente. Cria-se uma sensação de não passagem do tempo que, em essência, é compartilhado e colocado à serviço do ritual. Cabe lembrar a forte ideia propagada por Fela de que a música se situa no território do sagrado.

O uso de *riffs*s se dá, principalmente, com os instrumentos que possuem a função de organizar ritmicamente a composição: o contrabaixo, a guitarra e o órgão. Músicos e plateia se integram em um espetáculo-ritual no qual Fela apresenta-se como o sumo sacerdote, o mestre a encaminhar os trabalhos rituais. Mais uma vez há a tentativa de reunir os laços desatados entre religião, arte e política.

As guitarras apresentam-se extremamente dissonantes, causando ao ouvido acostumado aos padrões estandarizados da música de mercado uma grande sensação de estranheza, como se algo estivesse realmente quebrado, tanto ritmicamente, quanto harmonicamente. O *riff* baseia-se essencialmente nos acordes Lá menor, Dó com sétima e Mi menor (Am, C7, Em, C7) e o que causa a sensação de estranheza é o fato de que Fela modifica a cadência, ou seja, a forma como a progressão dos acordes é resolvida e finalizada. O acorde Dó com sétima (C7) não se encontra dentro do campo harmônico de Lá menor, escala da qual foram extraídas as cinco notas básicas utilizadas em C.B.B. Isso significa dizer que Fela inclui um acorde que não estabelece relações diretas com a tônica, resolvendo-o, ainda, de forma inesperada com a utilização do Mi menor (Em), causando a sensação de dissonância observada na música.

Assim como a guitarra, o contrabaixo executa *riffs* que, neste caso, apresentam uma condução mais cromática, ou seja, desenrola-se através dos semitons. O contrabaixo em C.B.B apresenta duas formas distintas. A primeira delas, designada abaixo:

* Usado descendentemente.

Nesta representação podemos observar as notas Lá, Si bemol, Dó, Dó sustenido, Ré, Mi, Fá, Sol, onde as notas destacadas por parênteses possuem a função de notas de passagem, responsáveis por causar a sensação de instabilidade.

Já a segunda linha de contrabaixo é utilizada principalmente como ponte para as partes onde o canto-discurso é executado, sendo organizado pelas notas Dó, Ré e Mi:

Fechando a seção rítmica, o órgão possui sua evolução baseada nas notas Lá, Dó, Ré, Ré sustenido, Mi, Fá e Sol.

Assim como nas outras linhas de instrumentos, os semitons destacados (Ré sustenido e Fá), são as causadoras de dissonância.

Os metais são responsáveis pela execução do tema principal da música, sobre o qual as improvisações são executadas. Esta seção de instrumentos, entretanto, se choca harmonicamente com a seção rítmica, vista anteriormente, uma vez que trabalha com a alternância do uso da escala pentatônica em Lá menor e da escala em Lá maior, escorregando de uma tonalidade para outra, colocando as seções em debate e trazendo à tona uma indeterminação dos modos que remete ao modalismo do *blues*.

* Não utiliza.

As longas improvisações dos instrumentos de sopro seguem o padrão estabelecido para o Afrobeat desde a década de 70, ou seja, possuem espaços determinados na música, funcionando como ponte e ligação para o canto coral e sempre em diálogo com a seção que executa variações do tema principal. Além disso, não apresentam a liberdade de improviso como o que podemos perceber no *jazz* de vanguarda e de vertente mais moderna, como o *Bebop* e o *Free jazz*.

Fela Kuti busca saídas intrigantes para alcançar uma expressividade que, de certa forma, está em sintonia com a situação da Nigéria pós-colonial. *Confusion Break Bone* foi composta com o intuito de simular uma "desordem" musical, que refletisse a desordem da situação social africana ao mesmo tempo que traz à tona relações que ultrapassam as fronteiras do continente.

Fela utiliza a união de fatores de instabilidade em todas as linhas melódicas e a construção baseada em uma escala pentatônica. Basicamente ele trabalha desta maneira com o intuito de atualizar o potencial significativo e emocional do modalismo, acentuando o potencial da música enquanto protesto ritualizado contra a ordem imposta na Nigéria pós-colonial.

Como vimos, o aspecto político é fundamental para a formulação do Afrobeat. Este aspecto se manifesta nas escolhas compositivas realizadas por Fela, no modo como decide se expressar sonoramente, e também no conteúdo da letra. Em *Confusion Break Bone*, assim como outras composições polêmicas de Fela, podemos visualizar a fala do Chief Priest e a retórica pedagógica sempre utilizada nos yabis time, que reforça a música como veículo comunicador e formador de opiniões. Aqui, a violência dos governos autoritários nigerianos é pontuada através da referência ao ataque à comuna de Kalakuta, nunca esquecido e talvez jamais superado por Fela.

A letra da música refere-se às *old news*, ou seja, às coisas que continuavam, após anos de denúncia, sem solução na sociedade nigeriana, principalmente em Lagos, uma das metrópoles mais populosas do continente africano:

> If I sing say water no dey
> Na old news be da

Fela Kuti: contracultura e (con)tradição na música popular africana

If a sing say food no dey
Na old news be dat
I come sing say inflation
Na old news be dat
I come sing say Corruption
Na old news be dat
I come sing say mismanagement
Na old news be dat
I come sing say, stealing by government
Na old news be dat
Old old old news be dat-ee-oh
Na old news be dat
Di problems still dey paparapa.[38]

O povo permanecia continuamente a sofrer com os desmandos dos militares, com a falta d'água, com ruas e rodovias desorganizas, com roubos e linchamentos públicos, com a fome, com a falta de moradia, de energia elétrica e com o desemprego.

Comparando a Nigéria com uma rua lagosiana famosa por sua desordem, chamada *Ojou Elegba*, Fela nos diz, em *pidgin english*:

I sing about one street for Lagos
Called "Ojou Elegba"
I take a copy how Nigeria be
One crossroad in center town
(...)
Motor dey come from-u East

---

38 Em tradução do inglês formal realizada por OLORUNMYOMI, Sola: *Afrobeat!...* P. 55: Se eu canto sobre falta de água/ é uma velha notícia/ se canto sobre falta de comida/ é uma velha notícia/ se tento cantar sobre inflação/ é uma velha notícia/ deveria cantar sobre corrupção/ seria uma velha notícia/ então canto sobre má administração/ é uma velha notícia/ deveria cantar sobre roubos governamentais/ seria uma velha notícia/ os problemas simplesmente persistem.

Motor dey come from-u West

Motor dey come from-u North
Motor dey come from-u South.[39]

Neste trecho, na segunda estrofe – que indica as direções das quais aparecem os automóveis – as frases são intercaladas pela seção de metais, na qual os músicos utilizam seus instrumentos como verdadeiras buzinas, denunciando a falta de direcionamento, sinalização e leis de trânsito que organizem o fluxo de automóveis.

Esta situação instável é verificada em todas as instâncias sociais na Nigéria, como nos hospitais, na polícia e também na esfera pública, onde os governantes são considerados os principais responsáveis pela desordem social.

No encarte do LP *Confusion Break Bone*,[40] criado por Lemi Ghariokwu, podemos vislumbrar os rostos de governantes africanos formando um ponto de interrogação. A pergunta é justamente: qual cabeça de Estado nunca roubou? Ao fundo da imagem podemos ver Kalakuta incendiada e rodeada por milhares de soldados. Cabe lembrar que a invasão da comuna causou um imenso impacto financeiro à banda, que até então se chamava Afrika 70, além disso, muitas pessoas saíram feridas, com ossos literalmente quebrados.

Em posição de destaque, um caixão amarelo atrapalha o trânsito, sendo atropelado pelos carros que passam. Ossos quebrados rolam pelas ruas. À esquerda, duas mãos seguram um jornal com as velhas notícias: "no water, no food, no house, no job, no light".

---

39 Em tradução livre: Canto sobre uma rua em Lagos/ chamada "Ojou Elegba"/ Para dar um exemplo de como a Nigéria é/ um cruzamento no centro da cidade/ carros veem do leste/ carros veem do oeste/ carros veem do norte/ carros veem do sul.

40 A capa, reproduzida a seguir é uma reprodução do acervo pessoal de Carlos Moore, cedida por Ramiro Z.

Fela Kuti: contracultura e (con)tradição na música popular africana

LP Fela and Egypt 80. Confusion Break Bone, Kalakuta Records, Nigéria, 1990.
Fonte: Arquivo pessoal de Carlos Moore.

Os últimos anos da década de 70 e a passagem para a década de 80 marcam uma mudança significativa em diversos sentidos para Fela e o movimento contracultural que foi o Afrobeat. Fela tornava-se cada dia mais envolvido com seu desenvolvimento espiritual e começou a seguir os conselhos de um guia chamado Professor Hindu. Há um aprofundamento no que o músico chama de *"The Underground Spiritual Game"*, termo que aparece pronunciado por Fela em Confusion Break Bone, antes do início da letra.

Podemos encontrar explicação para este termo na apresentação realizada por Fela no Festival de Jazz de Berlim, em 1978. Neste show, antes de iniciar a música Pansa Pansa, ele chama a plateia a participar cantando junto com a banda. O artista explica que se trata de um jogo – um jogo espiritual subterrâneo – já que sua espiritualidade não é aceita pela "hierarquia". Esta fala demonstra o quanto os aspectos espirituais estão presentes nas músicas de Fela e que foram acentuados nesse momento, dimensão também intrinsecamente unida ao seu pensamento político. As pessoas que compõem a plateia são convidadas a sair da condição de ouvintes e espectadoras para compartilharem de um ritual, onde a reflexão política sobre os problemas africanos é o cerne e o principal objetivo.[41]

Contraditoriamente, ao mesmo tempo que se aprofunda cada vez mais na história do continente e na busca por uma vivência mais espiritualizada e mais "africanizada", Fela, com a banda Egyot 80, muda o caráter de suas composições, visando aproximá-las do sentido que a música de concerto europeia apresenta: mais contemplativa, didática e cada vez menos dançante. Fela Kuti, como vimos, passa a chamar sua música de "música clássica africana".

Esse posicionamento do músico procura afastar cada vez mais suas composições do mero entretenimento e, como aponta Michael E. Veal, pode ser verificado de diversas formas, tais como no aumento do número de integrantes da banda (que poderia ser considerada uma pequena orquestra) e nas mudanças estruturais. A seção de bateria – sem Tony Allen – torna-se mais repetitiva e pautada em padrões pré-compostos e as guitarras ganham um caráter mais denso e carregado de *blue feeling*. O órgão, que passa a desenvolver também uma função rítmica, contraponteando as guitarras e reforçando o sentido modal buscado por Fela.

> Tomadas em conjunto, essas mudanças resultaram em uma música mais orquestral em sua complexidade, mais grave e séria (no que se refere ao estado de espírito ou humor). Onde a Afrika 70 era impe-

---

41 Fala retirada do show gravado em vídeo e reproduzido no DVD *Fela Kuti Double Feature* (documentary and concert) – Teacher Don't Tech Me Nonsense; Berliner Jazztage, 1978. Kniting Factory.

Fela Kuti: contracultura e (con)tradição na música popular africana

tuosa, jovial e arrogante, a nova banda era séria, contida e reflexiva, funcionando simultaneamente como um veículo para comentários culturais e políticos, reflexão mística e dança social.[42]

Todas essas mudanças, que à primeira vista podem parecer extremamente contraditórias, apresentam-se como soluções criativas encontradas por Fela para as questões colocadas pelo mercado fonográfico. Além disso, foi a forma encontrada para dar vazão à suas necessidades expressivas e ao seu engajamento político-espiritual. Tais questões refletem a luta pela reversão do processo de dilaceramento da identidade do homem negro, desafio encarado pelo músico desde sua turnê nos Estados Unidos da América em 1969.

Esta luta, que não pode ocorrer desconsiderando o fato colonial e as relações de poder que se estabeleceram no encontro entre a cultura do colonizador a cultura do colonizado, reforça o sentido pós-colonial das canções de Fela. O afrobeat é permeado pelas tensões e paradoxos de seu período histórico, consonâncias musicais parecem não fazer sentido algum em sociedades pós-coloniais caracterizadas pela dissonância e permeadas pelas desigualdades que o mundo globalizado traz em si.

---

42 VEAL. Michael E. *Op. cit.*, p. 173. Do original: "Taken together, these changes resulted in a music that was orchestral in its complexity and more serious in its mood. Where the original Afrika 70 was brash and youthfully arrogant, the new band was moodier, restrained, and more reflective, functioning simultaneously as a vehicle for a cultural and political commentary, mystical reflection, and social dancing."

Considerações finais

Por que você não verá o lado Ocidental de Fela Kuti –: começo fazendo referência à canção "Para Lennon e McCartney",[1] dos brasileiros do Clube da Esquina, espero que a complexidade contida nesta frase possa nos conduzir a uma (tentativa de) conclusão.

Acredito que a questão da negritude seja fundamental na obra de Fela, entretanto, essa questão não esgota a multiplicidade de posições que atravessam o Afrobeat enquanto um movimento da cultura popular negra e enquanto movimento contracultural. Há outras perspectivas que poderiam ser tema de estudos e que também seriam importantes na compreensão de pontos obscuros tanto da obra de Fela quanto de todo movimento contracultural do Afrobeat, entre eles questões sobre classe, gênero, identidade e sexualidade.

Contudo, ali, no momento em que os países africanos haviam acabado de travar as suas lutas pela independência política, à sombra do racismo e da dependência econômica deixados de herança pela estrutura colonial europeia e reforçados pelo "novo imperialismo norte-americano", a reconstrução e revalorização de uma identidade *negra* era crucial.

1　Composta por por Fernando Brant, Márcio Borges e Lô Borges, interpretada por Milton Nascimento no disco "Milton" de 1790, gravado pela EMI-Odeon.

E nesse sentido, a questão da origem mítica – a África-conceito – é o espaço onde as matrizes culturais poderiam ser encontradas, exploradas e ressignificadas dentro do espectro da cultura popular.

Como apontou Hall, o termo negro demarca a *diferrance*, a experiência construída em relação com a diáspora e o que ela tem de local, global e tecnológico. As relações com o "Outro Ocidental" e suas influências diversas estão presentes nas entrelinhas e na dialética do jogo pós--colonial do qual a obra de Fela é um fruto.

Já no discurso musical do músico, político e, muitas vezes, radical, *o lado Ocidental* é atacado e negado, para ser, justamente, repensado em solo africano. Você não o verá, mas ele está ali, assim como tudo que o músico possui de "não Ocidental". Questão que é, indubitavelmente, pós-colonial, em toda a complexidade que este termo pode alcançar. O lado Ocidental aparece a partir da visão singular de Fela, filho da elite da qual ele discorda absolutamente e que, entretanto, é o substrato no qual o músico formulou seu movimento contracultural.

Assim como na canção "Para Lennon e McCartney" que por meio de ranhuras na lógica da globalização traz sua experiência local *em relação*: "eu sou da América do Sul, eu sei, vocês não vão saber", Fela nos diz "eu não sou um *gentleman*, sou um homem africano, original".[2] Essas duas colocações trazem à tona toda a complexidade dessas vozes subalternas, que forçam um espaço para que sejam ouvidas. A cultura popular, lembrando Hall,[3] é um lugar de permanente tensão contra a cultura hegemônica, um espaço de luta pelo poder, um espaço de resistência. E, portanto, na cultura popular não existem formas puras e essencializadas.

O movimento contracultural criado em torno do Afrobeat – enquanto manifestação artística que ultrapassou os aspectos meramente musicais – foi um espaço de resistência, um local onde propostas para uma nova realidade foram forjadas, tanto individualmente, quanto cole-

---

2   Música lançada em LP com mesmo título, lançada em 1973 na Nigéria, pela EMI.

3   Ver HALL, Stuart. Que "negro" é esse na cultura popular negra? In: *Op. cit.*

Fela Kuti: contracultura e (con)tradição na música popular africana   173

tivamente. Essa nova realidade pretendia fazer frente ao racismo e seus prejuízos psicológicos, econômicos, políticos, sociais e culturais. É aí que reside a sua força propulsora. Essa força arrebatou multidões de jovens dissidentes e atraiu o ódio dos governantes – explicitamente citados nas composições de Fela.

Seria útil lembrar aqui a sugestão de Gilroy[4] no sentido de que devemos pensar em propostas analíticas que rejeitem a "separação moderna, ocidental, de ética e estética, cultura e política". Para Fela a música não deveria ser um entretenimento frívolo/comercial, fato que se manifestou, com o decorrer do tempo, em sua aproximação da ideia de música enquanto ritual, de seu aprofundamento experimental e da pesquisa estética mais refinada, assim como em sua busca por espiritualizar sua arte e colocá-la num prospecto histórico amplo, de conexão com culturas ancestrais. A música para ele era uma arma política. E os tiros foram certeiros. Ele conseguiu notoriedade, mesmo negando se adaptar ao mercado fonográfico, conseguiu incomodar verdadeiramente as autoridades nigerianas, que precisaram revidar com tiros (esses sim, tiros reais), para abalar o movimento iniciado em Kalakuta, com o MOP e a YAP. Entretanto, não é preciso medo quando se carrega a morte no bolso.

---

4   GILROY, Paul. *O Atlântico Negro* – Modernidade e dupla consciência. São Paulo: Editora 34, p. 98.

Referências bibliográficas

a) Livros e artigos consultados

ACHEBE, Chinua. *O mundo se despedaça*. São Paulo: Cia das Letras, 2009.

ADÃO, Deolinda. *Diálogos transatlânticos:* africanidade, negritude e construção da identidade. Revista do Núcleo de Estudos de Literatura portuguesa e africana da UFF, VOL 4, Nº 7, Nov. 2011.

ADORNO, Theodor. *Introdução à Sociologia da Música*. São Paulo: Ed. UNESP, 2011.

_____; HORKHEIMER, Max. *Dialética do Esclarecimento* – fragmentos filosóficos. Rio de Janeiro: Zahar, 1985.

AGAWU, Kofi. *Representing African Music:* Postcolonial Notes, Queries, Positions. New York: Routledge, 2003.

ALVES, Amanda Polomo. *Do Blues ao movimento pelos direitos civis*: o surgimento da "black music" nos Estados Unidos. Revista de História 3,1, (2011).

ALMEIDA, Jorge de. *Crítica Dialética em Theodor Adorno* – música e verdade nos anos vinte. Cotia, SP: Ateliê Editorial, 2007.

ANDERSON, Benedict: *Comunidades Imaginadas*. São Paulo. Cia das Letras, 2008.

ANDRADE, Mário Pinto de. *Origens do Nacionalismo Africano* – continuidade e ruptura nos movimentos unitários emergentes da luta contra dominação colonial portuguesa: 1911 – 1961. Lisboa: Dom Quixote, 1997.

APPIAH, Anthony Kwame. *Na casa de meu pai:* A África na filosofia da cultura. Rio de Janeiro: Contraponto, 1997.

ARENDT, Hannah. *Origens do Totalitarismo.* São Paulo: Cia das Letras, 1989.

AUSLANDER, Philip. *Music as performance:* living the immaterial. Theatre Survey, 47: 2 (Novembro 2006).

BECK, Ulrich. *O que é Globalização?* Equívocos do globalismo, respostas à globalização. São Paulo: Paz e Terra, 1999.

BENJAMIN, Walter. A obra de arte na era de sua reprodutibilidade técnica. In. *Magia, Técnica, Arte e Política.* São Paulo: Brasiliense, 1987

BERMAN, Marshall. *Tudo que é sólido desmancha no ar* – a aventura da modernidade. São Paulo: Companhia das Letras, 2007.

BETTS, Raymond F. A dominação europeia: métodos e instituições. In: *História Geral da África,* vol. VII – África sob dominação colonial 1880-1935. Brasília: UNESCO, 2010.

BHABHA, Homi K. *O local da Cultura.* Belo Horizonte: UFMG, 2013

CALADO, Carlos. *O Jazz como espetáculo.* São Paulo: Perspectiva, 2007.

COHEN, Renato. *Performance como linguagem.* São Paulo: Perspectiva, 2009.

COLLINS, Edmund John. *Jazz Feedback to Africa.* American Music of Review, vol. 5. N.2. Summer, 1987.

COQUERY-VIDROVITCH, Catherine. As mudanças econômicas na África em seu contexto mundial (1935-1980). In: *História Geral da África,* vol. VII – África sob dominação colonial 1880-1935. Brasília: UNESCO, 2010.

DANTO, Arthur, C. *Andy Warhol.* São Paulo: Cosac Naify, 2012.

FENERICK, José A; MARQUIONI, Carlos E. *SGT. Peppers Lonely Hearts Club Band*: uma colagem de sons e imagens. Fênix, Revista de História e Estudos Culturais. vol. 5, ano V, n° 1, jan/fev/mar de 2008.

FANON, Frantz. *Pele negra, Máscaras Brancas;* trad. Renato da Silveira. Salvador: EDUFBA, 2008.

GILROY, Paul. *O Atlântico Negro* – Modernidade e dupla consciência. São Paulo: Editora 34.

GIOIA, Ted. *The History of Jazz.* New York: Oxford University Press, 2011.

GOFFMAN, Ken. JOY, Dan. *Contracultura através dos tempos* – do mito de Prometeu à cultura digital. Rio de Janeiro: Ediouro, 2007.

HALL, Stuart. *Da Diáspora:* identidades e mediações culturais. Belo Horizonte: UFMG, 2003.

HARVEY, David. *O Novo Imperialismo.* São Paulo: Edições Loyola, 2003.

HERNANDEZ, Leila Leite. *A África na Sala de Aula* – visita à história contemporânea. São Paulo: Selo Negro Edições, 2005

JABORO, Majemite. *The Ikoyi Prision Narratives*: the spiritualism and political philosophy of Fela Kuti. USA: Lulu, 2012.

JAMESON, Frederic. *A cultura do dinheiro* – ensaios sobre a globalização. Petrópolis: Ed Vozes, 2002

KI-ZERBO; MAZRUI; WONDJI; BOAHEN. Construção da nação e evolução dos valores políticos. In: *História Geral da África VII.* Brasília, UNESCO, 2010.

MATORY, J. Lorand. *Yorubá*: as rotas e as raízes da nação transatlântica, 1830 – 1950. Horizontes Antropológicos, Porto Alegre, ano 4, n. 9, p. 263 – 292, outubro de 1998.

McCARTHY, David. *Arte Pop.* São Paulo: Cosac Naify, 2002.

MENEZES, Flo. *Apoteose de Schoenberg.* Cotia – SP: Ateliê Editorial, 2002.

MOORE, Carlos. *Fela: Esta Vida Puta.* Belo Horizonte: Nandyala, 2011.

MUNANGA, Kabengele. *Negritude:* Usos e Sentidos. São Paulo: Editora Ática, 1986.

NICOLAU NETTO, Michel. *O discurso da diversidade e a World Music.* São Paulo: Annablume, Fapesp, 2014.

OLANYIAN, Tejumola. *Arrest the Music!* – Fela and his rebel art and politics. USA: Indiana University Press, 2004.

OLATUNJI, Michael. *Yabis:* a phenomenon in the contemporary Nigerian music. The journal of Pan African Studies, vol. 1, n° 9, Agosto, 2007

OLORUNYOMI, Sola. *Afrobeat!* Fela and the imagined continent. Ibadan, Nigéria: IFAnet Editions, 2005.

OWUSU, Maxwell. A agropecuária e o desenvolvimento rural. In: *História Geral da África,* vol. VII – África sob dominação colonial 1880-1935. Brasília: UNESCO, 2010.

RUSHDIE, Salman. *Os versos Satânicos.* São Paulo: Cia das Letras, 2008.

SAID, Edward. *Cultura e Imperialismo.* São Paulo: Companhia das Letras, 2011.

SCHECHNER, Richard. *Performance Studies* – an introduction. USA: Routledge, 2002.

SCHOENBERG, Arnold. *Harmonia.* São Paulo: Editora UNESP, 2011.

SCOTT-HERON, Gil. *Abutre.* São Paulo: Conrad Editora do Brasil, 2002.

STAPLETON, Chris; MAY, Chris. *African All Stars* – The pop music f a Continent. London: Quartet Books, 1987.

SURET-CANALE, Jean; BOAHEN, Adu. A África Ocidental. In: *História Geral da África VII.* Brasília, UNESCO, 2010.

UZOIGWE, Godfrey N. *Partilha da África e conquista da África*: uma apanhado geral. In: *História Geral da África VII.* Brasília, UNESCO, 2010.

VEAL. Michael E. *Fela* – the life and times of an African musical icon. Philadelphia:Temple University Press, 2000.

Fela Kuti: contracultura e (con)tradição na música popular africana 179

WISNIK, José Miguel. *O Som e o Sentido*: uma outra história das músicas. SP: Companhia das Letras, 1989.

b) vídeos

Music Is the Weapon. Documentário dirigido por: Jean-Jacques Flori e Stéphane Tchalgadjief. Produção: França, 1982. Lançado em 2003. Duração: 53 min.

Fela Live. Documentário produzido por: Arts Internacional Production em associação com The Nacional Video Corporation. Glastonbury, Inglaterra: 1984. Duração: 1 hora, 10 minutos e 35 segundos.

Fela Kuti Double Feature (documentary and concert) – Teacher Don't Tech Me Nonsense; Berliner Jazztage, 1978. Kniting Factory.

Moolaadé. Filme dirigido por: Ousmane Sembène. Produção: Senegal/França/Burkina Faso/Camarões/Marrocos/Tunísia, 2004. Duração: 2 horas.

c) Discografia

Fela Ransome-Kuti and The Africa 70. *Gentleman* (CD, Estados Unidos, Universal, 1997).

Fela Ransome-Kuti and The Africa 70. *Music of Fela – Roforofo Fight* (LP, Nigéria, Jofabro, 1972).

Fela Ransome-Kuti and The Africa 70. *Shakara* (LP, Nigéria, EMI, 1972).

Fela Ransome-Kuti and The Africa 70. *Alagbon Close* (LP, Nigéria, Jofabro, 1974).

Fela Anikulapo-Kuti and The Africa 70. *Yellow Fever* (LP, Nigéria, Decca Afrodisia, 1976).

Fela Anikulapo-Kuti and The Africa 70. *Sorrow, Tears and Blood* (LP, Nigéria, Kalakuta, 1977).

Fela Anikulapo-Kuti and The Africa 70. *Shuffering and Shmiling* (LP, Nigéria, Coconut, 1977).

Fela Anikulapo-Kuti and The Africa 70. *Unknown Soldier* (LP, Nigéria, Phonodisk Skylark, 1979)

FelaAnikulapo-Kuti and The Egypt 80. *Teacher Don't Teach Me Nonsense* (LP, Nigéria, Polygram, 1986).

Agradecimentos

No processo de pesquisa de mestrado do qual este trabalho é fruto tive a sorte de encontrar pessoas que me auxiliaram de diversas maneiras e às quais eu serei eternamente grata. Primeiramente agradeço ao meu orientador José Adriano Fenerick, por compreender minhas escolhas, minhas dúvidas, minhas reticências e por me auxiliar em todas as situações possíveis. Muito obrigada, mesmo.

Agradeço ao Carlinhos, da loja Disco 7, pois foi ali onde tudo começou. Agradeço ao Ramiro Zwetsch, por gentilmente me receber em sua casa e compartilhar comigo seu rico acervo de discos de música africana (e de todo lugar).

Meu muitíssimo obrigada ao Carlos Moore por ter me ensinado que a generosidade é a única coisa que realmente vale a pena, e por ter compartilhado comigo histórias de vida e bibliografias.

Agradeço ao Pedro Rajão pelas discussões, pelas ricas fontes e bibliografias divididas e por todas as trocas de conhecimento.

Agradeço à Daniela Vieira e à Márcia Tosta Dias pelas discussões, impressões e livros partilhados e também ao professor Marcos Sorrilha Pinheiro por enriquecer este trabalho com seu olhar cuidadoso e perspicaz.

Agradeço imensamente ao Lemi Ghariokwu por gentilmente me ceder fontes de seu arquivo pessoal e por carinhosamente fornecer a imagem da capa.

À Nívea Lins, minha amiga de caminhada, agradeço por ficar por perto e por ser sempre um apoio, uma palavra de incentivo e um olhar afetuoso nos momentos de necessidade, e por descobrir comigo os meandros desse mundo.

Agradeço ao amigo e professor de música Samuel Oliveira por todo o auxílio nas transcrições e interpretações das músicas de Fela.

Agradeço à minha família por apoiar incondicionalmente minhas escolhas e por tentar compreender (sempre na medida do possível) todas as mudanças – literais e metafóricas – pelas quais passei neste processo.

Ao Matheus Wilson, por estar sempre ao meu lado, por estar nas entrelinhas de todo este trabalho e por colocar as vírgulas da minha vida nos lugares certos. Obrigada.

Agradeço aos funcionários do Programa de Pós-graduação em História da UNESP – Franca e à CAPES pela concessão de bolsa de estudos durante 24 meses, sem a qual este trabalho seria inviável.

Finalmente, agradeço à Fapesp pela concessão do auxílio publicação que fez possível a publicação deste trabalho em formato de livro.

ALAMEDA NAS REDES SOCIAIS:
Site: www.alamedaeditorial.com.br
Facebook.com/alamedaeditorial/
Twitter.com/editoraalameda
Instagram.com/editora_alameda/

Esta obra foi impressa em São Paulo no inverno de 2018. No texto foi utilizada a fonte Minion Pro em corpo 10,25 e entrelinha de 15,25 pontos.